すぐできる
あってよかった

今夜の
おかず

読者と選んだ
料理家22人の
人気レシピ

110

はじめに

月刊『婦人之友』では創刊当時（1903年）より毎号、家庭の食卓を大切に考えて、料理記事を掲載してきました。

おいしさはもとより、旬の素材と新しい味を楽しみに、手早く、心をこめて、経済的に毎日の食事をととのえる知恵と工夫を、料理の専門家や読者をたずねて、教えていただいています。

このたび、2008～2018年の『婦人之友』に掲載した料理から本書をまとめるにあたり、読者アンケートを行い、250人の方々が回答をお寄せくださいました（96ページ参照）。複数回答の人気レシピの数は、のべ1000品を超えました。加えて、家庭でくり返しつくられているようすや、家族の反応、わが家流のアレンジなども書き記され、あらためて『婦人之友』の料理が、皆さまのお役に立ち、根づいていることが伝わってきました。

また、仕事や子育て、介護など、１人が担う役割が増えて暮らしが多様化する中、時短料理が好まれること、忙しくても無理なく手づくりするこつが知りたいとの希望が多いことを受け、「手早い野菜の新レシピ」10品を新たに加えました。

　収録したレシピは、22人の料理研究家の方々の110品。いずれも、それぞれの方がよりおいしく、つくりやすくと研究を重ね、家庭で何度もつくられてきた料理です。そして、私たち編集部も試作をし、今では日々の食卓に取り入れていますので、自信を持っておすすめできるものばかりです。

　忙しい日の夕食として、季節を味わうひと皿として、忘れたくない母の味として……、再び皆さまの食卓を彩っていただけますことを心から願っております。

2019年5月　　　婦人之友社編集部

＊『婦人之友』…1903年、羽仁もと子・吉一夫妻により創刊（創刊時は『家庭の友』）された月刊誌で、母から娘へと２代、３代にわたって読み継がれています。生活を愛し、心豊かな毎日をつくるために、衣・食・住・家計などの知恵から、子どもの教育、環境問題、世界の動きまでを取り上げています。毎月12日発売。

CONTENTS

- 2 　はじめに
- 4 　目次
- 8 　この本に協力してくださった料理研究家の方々
  　　この本のきまり

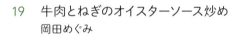

9　1章　手早いメイン＆すぐできる野菜料理

[手早いメイン]

- 10　八宝菜風うま煮　上田淳子
- 12　豚肉のねぎ味噌焼き　清水信子
- 13　鶏肉とエリンギの蒸し煮　ウー・ウェン
- 14　ぶりのステーキ　堀口すみれ子
- 15　鯛のアヒージョ風　丸山久美
- 16　鶏のプルゴギ　チョン・テキョン
- 17　春キャベツの回鍋肉　ウー・ウェン
- 18　鶏肉とれんこんの粒マスタード炒め　丸山久美
- 19　牛肉とねぎのオイスターソース炒め　岡田めぐみ
- 20　ガーリックステーキ、パセリライス　Mako
- 21　チキンソテー、ゴルゴンゾーラソース　加藤真夢
- 22　和風ラタトゥイユ　野村紘子
- 23　豚しゃぶとレタスの梅・生姜和え　野村紘子

[すぐできる野菜料理]

- 24　上手な葉もの調理のこつ　ウー・ウェン
- 25　小松菜のシンプル炒め　ウー・ウェン
- 26　ドイツのおばあちゃんのきゅうりサラダ　門倉多仁亜
- 27　レタスのオイスターソース炒め　ウー・ウェン
- 28　ピーマンのちりめんポン酢　本谷惠津子
- 29　人参とケッパーの炒め煮　北村光世
- 30　ピーマンと人参の炒めもの　岡田めぐみ
- 31　春キャベツと人参のフリフリコールスロー　舘野鏡子
- 32　じゃが芋のごままぶし　ウー・ウェン
- 33　れんこんのシャキシャキ炒め　清水信子
- 34　香菜の白和え　ウー・ウェン
- 35　きくらげの酢炒り　堀口すみれ子
- 36　豆腐とそら豆の卵とじ　成瀬すみれ
- 37　厚揚げとニラの醤油炒め　ウー・ウェン

38　工夫いっぱい 野菜の新レシピ10

- 39　"切り方を変える"が脱マンネリに　舘野鏡子
- 40　角切り大根のバター蒸し煮
  　　きゅうりと挽き肉のピリ辛炒め
- 41　水玉ごぼうのドライカレー
  　　キャベツのおかずサラダ
- 42　エチュベ（蒸し煮）を極めて手早く多彩に　上田淳子
- 43　玉ねぎとトマトの塩、胡椒風味
  　　スナップエンドウのオイル蒸し
  　　キャベツのあっさり蒸し
- 44　小松菜のこっくり風味
  　　ごぼうのピリ辛風
  　　ブロッコリーの香り焼き

45 **2章** 「リピート率No.1！」わが家の定番

- 46　キャベツたっぷりメンチカツ　石原洋子
- 48　牛肉とごぼうの当座煮　野村紘子
- 49　蒸し鶏と鶏飯　ウー・ウェン
- 50　ロールキャベツ　小山瑛子
- 51　鶏肉のカリカリ焼き　小山瑛子
- 52　クリスピーチキン　舘野鏡子
- 53　黒酢酢豚　ウー・ウェン
- 54　牛肉と野菜のさっと煮　成瀬すみれ
- 55　ゆで豚とキャベツ、ピリ辛ソース　松本忠子
- 56　ゴーヤ豚天　舘野鏡子
- 57　秋刀魚とごぼうのかき揚げ　石原洋子
- 58　鯖の辛子竜田揚げ／三枚おろしの手順　柳原一成
- 60　サーモンのマリネ　門倉多仁亜
- 61　秋刀魚の黒胡椒煮　清水信子
- 62　鰹の豆豉蒸し　岡田めぐみ
- 63　マカロニポテトサラダ　石原洋子
- 64　大根のグラタン　舘野鏡子
- 65　ポテトグラタン　Mako
- 66　茄子の中国風味噌煮　小山瑛子
- 67　茄子の田舎煮　堀口すみれ子
- 68　中国風茶碗蒸し、搾菜と刻みねぎのせ　小山瑛子
- 69　グリーンアスパラガスと新人参のジョン　チョン・テキョン

71 **3章** 忙しいときこそ、ほったらかし料理

- 72　野菜たっぷりチキンカレー　上田淳子
- 74　塩豚のポトフ　藤井恵
- 75　ピェンロー（中国の白菜鍋）　藤井恵
- 76　野菜おでん　渡辺あきこ
- 77　冷やしおでん　石原洋子
- 78　鶏肉と豆腐の酒塩鍋　渡辺あきこ
- 79　豚の梅酒煮　本谷惠津子
- 80　豚の角煮　堀口すみれ子
- 81　牛すね肉のじっくり煮　舘野鏡子

83　4章　季節の野菜をたっぷり漬けて

- 84　かぶのレモンマリネ　Mako
- 85　オクラのピクルス　北村光世
- 86　セロリの酢漬け、かつお風味　村岡奈弥
- 87　ゆでゴーヤの南蛮風　舘野鏡子
- 88　大根のざらめ漬け　松本忠子
- 89　新生姜の甘酢漬け　小山瑛子
- 90　野菜1kgの塩水漬け　本谷惠津子
- 91　夏野菜の香り漬けもの　小山瑛子
- 92　野菜の甘酢漬け、中国風　村岡奈弥
- 93　手軽につくる 1kgの梅干し　野村紘子

97　5章　大切にしたい 豆・海藻・郷土の常備菜

- 98　キドニービーンズのマリネサラダ　門倉多仁亜
- 99　ずいきと油揚げの煮もの　清水信子
- 100　ひじきのイタリアンマリネ　舘野鏡子
- 101　牡蠣の佃煮　小山瑛子
- 　　　切り昆布の小梅煮　松本忠子
- 102　鰯の梅煮　成瀬すみれ
- 104　豚味噌　門倉多仁亜
- 106　生姜の佃煮　渡辺あきこ
- 108　煮なます　本谷惠津子
- 110　吹き寄せおから　松本忠子

113　6章　レパートリー広がる 米・麺・汁もの

- 114　おすし2種　いなりずし、かんぴょう巻き　柳原一成
- 116　牛しぐれの太巻き　石原洋子
- 117　キャベツカレー　村岡奈弥
- 118　筍と鶏肉のまぜごはん　石原洋子
- 119　鯛めし　堀口すみれ子
- 120　椎茸とハムのクリームパスタ　門倉多仁亜
- 121　トマト冷麺　石原洋子
- 122　人参のポタージュ　加藤真夢

123 ガスパチョ　丸山久美
124 沢煮椀　堀口すみれ子
125 きのこけんちん汁　松本忠子
126 ドイツ風具だくさんスープ（アイントプフ）　門倉多仁亜
127 芽ひじきとなめこのスープ　岡田めぐみ

129　7章　週末のおもてなしに

130 ビーフシチュー　小山瑛子
132 ローストポークと野菜のロースト／バゲットサンドイッチ
　　Mako
134 ローストビーフ　堀口すみれ子
135 豚ヒレ肉のパイ包み　丸山久美
136 カニ入りクリームコロッケ　堀口すみれ子
137 豚肉のサルティンボッカ・ローマ風　北村光世
138 鶏むね肉のパレルモ風　野村紘子

［料理研究家の紹介］

38 舘野鏡子／上田淳子
70 石原洋子／ウー・ウェン／成瀬すみれ／チョン・テキョン
82 堀口すみれ子／本谷惠津子／渡辺あきこ／藤井恵
96 小山瑛子／村岡奈弥
112 清水信子／松本忠子
128 柳原一成／加藤真夢／丸山久美／岡田めぐみ
139 野村紘子／北村光世／Mako／門倉多仁亜

96 『婦人之友』誌上レシピアンケート　読者250人に聞きました！
112 昆布とかつおのだし（基本のだし）／昆布だし（水で取るだし）
140 読者の声
142 材料別さくいん

この本に協力してくださった
料理研究家の方々

石原洋子	成瀬すみれ
ウー・ウェン	野村紘子
上田淳子	藤井恵
岡田めぐみ	堀口すみれ子
加藤真夢	Mako
門倉多仁亜	松本忠子
北村光世	丸山久美
小山瑛子	村岡奈弥
清水信子	本谷惠津子
舘野鏡子	柳原一成
チョン・テキョン	渡辺あきこ
	(50音順、敬称略)

この本のきまり

● この本の表記について
1カップは200ml、1合は180ml、
大さじ1は15ml、小さじ1は5mlです。
● 掲載したレシピは『婦人之友』に
2008年以降に掲載され、読者アン
ケート（p96）で人気の集まった料
理の数々です。アンケートで総合順
位が上位になったものに、★★★マ
ークをつけました。

1章

手早いメイン &
すぐできる野菜料理

工夫いっぱい 野菜の新レシピ10

「今夜はなにをつくろう」と迷ったら、まずこの章のレシピをどうぞ。
きざみものからでき上がりまで、30分以内にできるメインディッシュ、
サッとつくれて、目先も変わる野菜料理が満載です。
また、この本のために、より手早く、おいしくできるように考えられた、
野菜の新レシピも、どうぞおためしください。

［手早いメイン］

> 読者人気★★★レシピ

1章・手早いメイン

八宝菜風うま煮

2017.5月号

上田淳子

たくさんの野菜がとれる大満足のおかず。
肉と野菜、調味料を入れ、ふたをして火にかけるだけの手軽さと、
蒸し煮ならではの味わい深さが、くり返しつくる理由です。

≡ 材料（4人分）≡

豚こま切れ肉	300g
塩	小さじ1/3〜1/2
おろし生姜	小さじ1
キャベツ	400g
人参	1/3本
ピーマン	2個
しめじ	1パック（100g）
もやし	1袋
うずらの卵（ゆで）	8個
ごま油	大さじ3
鶏がらスープの素	大さじ1 1/2
水	1カップ
塩、胡椒	各適量

[水どき片栗粉]

片栗粉	大さじ1 1/2〜2
水	大さじ3

材料の下ごしらえ

❶ 豚肉に塩とおろし生姜をもみこんでおく。

❷ キャベツはひと口大に切る。人参は3mm厚さの半月切り、またはいちょう切り、ピーマンはへたと種を取り、ひと口大に切る。しめじは石づきを取ってほぐす。

すべてを蒸し煮にする

❸ フライパンまたは鍋にごま油大さじ2をひき、キャベツ、もやし、人参、ピーマン、しめじを重ねる。表面に①を広げ、鶏がらスープの素、水を加えて中火にかける。沸いてきたらふたをし、5分ほど蒸し煮にする。

調味して仕上げ

❹ ふたを取って肉をほぐしながら全体をまぜ、うずらの卵を加えて温め、塩、胡椒で味をととのえる。

❺ 火を強め、水どき片栗粉を加えて手早くまぜ、とろみをつける。仕上げにごま油大さじ1を加えてまぜる。

＊ごはんにのせて中華丼にしても。

読者の声 野菜がたっぷり、作業はシンプル。ごはんにも、焼きそばにかけてもおいしいです。時間のない夕方に「あれをつくろう！」と。（宮城・40代）

水分の出やすい素材は、とろみをつけてまとめる。

豚肉のねぎ味噌焼き

2014.5月号

清水信子

発酵食品である味噌が香ばしい、手軽でごはんのすすむおかずです。
みずみずしいレタスと合わせてどうぞ。

≡ 材料（4人分）≡

豚肩ロース肉（薄切り） …… 300g
[下味] 酒、醤油 …… 各小さじ2

サラダ油 …………… 大さじ1
レタス ……………… 2～3枚

[ねぎ味噌] すべて合わせておく
長ねぎ（みじん切り） … 大さじ2
砂糖 ………………… 大さじ2
味噌 ………………… 大さじ3
酒 …………………… 大さじ1⅓

長ねぎ（みじん切り） … 大さじ1

材料の下ごしらえ

❶ 豚肉はひと口大に切り、下味の調味料をからめて1枚ずつほぐして約10分おく。
❷ レタスは冷水につけてパリッとさせ、ひと口大にちぎって水けをよくきり、盛り皿にしく。

肉を炒めて味つけ

❸ フライパンにサラダ油を入れ、中火にかけ、豚肉をほぐし入れて中火で炒める。火が通ったら、合わせたねぎ味噌を加えて手早くからめる。

仕上げ

❹ 熱々を②の上に盛り、長ねぎのみじん切りをちらす。レタスとまぜていただく。

鶏肉とエリンギの蒸し煮

2018.10月号

ウー・ウェン

材料（4人分）

- 鶏もも肉 …… 2枚(約400g)
- エリンギ（中～大） …… 4本
- 酒 …… 大さじ2
- はちみつ …… 大さじ1
- 水 …… ½カップ
- 醤油 …… 大さじ2

大きく切った素材を醤油とはちみつで
こっくり蒸し煮した、食べごたえのあるひと品。
プリッとしたエリンギと鶏肉の食感が絶妙です。

材料を切る

❶ 鶏肉は、大きめのひと口大に切る。
❷ エリンギは、長さを半分に切ってから、縦半分に切る。

炒めて蒸し煮に

❸ 炒め鍋に鶏肉の皮めを下にして並べ(油はひかない)、弱火にかけて脂が少し出てきたら、酒、はちみつ、水を入れて中火にし、煮立ったら弱火にする。
❹ ふたをして10分煮たら醤油を入れ、②も加え、鍋をふって軽くまぜ、ふたをしてさらに5分煮る。

仕上げ

❺ 最後にふたをはずし、強火にして煮汁を飛ばすように仕上げる。

読者の声 つくりたいと思うレシピはあっても、リピートすることが減ってきた今日この頃、とても気にいったひと皿。（兵庫・70代）

ぶりのステーキ

2015.2月号

堀口すみれ子

ひとつのフライパンでできる、
子どもからおとなまで喜ぶ、
懐かしい甘辛味。
脂ののったぶりでつくりましょう。

材料（4人分）

ぶり（厚めの切り身）… 4切れ
[煮汁]
醤油、みりん、酒、砂糖
　　　　　　　… 各大さじ3
サラダ油 …………… 適量

ぶりを焼く

❶　フライパンにたっぷりの油を熱し、ぶりの切り身を入れ、とろ火でじわじわ焼いていく。油がはねるのでふたをして、焦げつかないようにフライパンをゆらしながら、濃いきつね色になるまで焼く。裏返して、色がつくまで焼く。

❷　火から下ろして少しおき、キッチンペーパーでフライパンの中の油をふき取る。

煮ながら照りをつける

❸　②を再び火にかけ、煮汁を入れて中火で煮立て、フライパンをゆすりながら照りをつける。焦げやすいので注意しながら、4〜5分で火をとめる。

盛りつけ

❹　皿に盛りつけ、煮汁を等分にかける。

1章・手早いメイン

鯛のアヒージョ風

2017.4月号

丸山久美

バスク地方の家庭料理で、クリスマスなどお祝いのときには、尾頭つきの鯛でつくることもあります。
たっぷりのオリーブオイルで煮こまなくても、にんにくとオリーブオイルを使った料理を「アヒージョ」といいます。
鯛を香ばしくカリッと焼いて。

材料（4人分）

- 鯛（切り身） …… 4切れ
  - 塩 …………… 小さじ⅔
  - 胡椒 …………… 少々
- にんにく（細切り） … 2片
- 赤唐辛子 …………… 2本
  （種を取って粗みじん切り）
- オリーブオイル … 大さじ3
- イタリアンパセリ
  （みじん切り） … 大さじ1
- クレソン、そら豆（塩ゆで）
  ……………… 各適量
- レモン ……………… 適量

鯛に下味をつける

❶ 鯛に塩、胡椒をふる。

焼く

❷ フライパンにオリーブオイル小さじ2を温め、鯛の両面を焼いて中まで火が通ったら、盛りつけ皿にうつす。

ソースをつくる

❸ ②のフライパンに残りのオリーブオイルを入れ、弱火でにんにくを炒める。赤唐辛子を加えてさっと炒め、鯛にかける。

❹ イタリアンパセリをふり、クレソンとそら豆、半月切りのレモンを添える。

鶏のプルゴギ

2013.3月号

チョン・テキョン

韓国の代表的な肉料理プルゴギは、牛肉でつくるのが定番ですが、甘辛の味つけは照り焼き風なので、鶏肉にもよく合います。お弁当のおかずにも。

≡ 材料（4人分）≡

鶏もも肉……2枚（約400g）
長ねぎ（白い部分）……7cm

Ⓐ 醤油……………大さじ3
　砂糖……………大さじ1½
　胡椒……………少々
　長ねぎ（みじん切り）
　　………………大さじ2
　にんにく（すりおろし）
　　………………小さじ1
　生姜汁…………小さじ½
　ごま油…………大さじ½

読者の声 鶏肉に下味をつける手間もいらず、なのに不思議においしい。白髪ねぎは心をこめてていねいにすると、そのおいしさに感動。（60代）

材料の下ごしらえ

❶ 鶏肉は厚い部分を開いて薄くし、4等分に切る。
❷ 長ねぎはせん切りにし、水にさらして白髪ねぎにし、ざっともんで、水けをきっておく。Ⓐを合わせておく。

肉を焼く

❸ 温めたフライパンに①を皮めから入れ（油はひかない）、こんがりと焼き色がついたら裏返す。Ⓐを加え（写真）、肉に火を通しながら香ばしくからめる。

盛りつけ

❹ ③を器に盛り、白髪ねぎを天盛りにする。

調味料は焦げやすいので、鶏肉にある程度火が通ってから、からめるとよい。

春キャベツの回鍋肉（ホイコーロー）

2011.4月号

ウー・ウェン

甘みをふくんだやわらかい春キャベツは、
サラダ、スープ、和えものなど、何にでも合います。
今回は大ぶりに切って、回鍋肉に。花椒（ホアジャオ）がピリリときいた
おとな向けの味。できたての熱々を召し上がってください。
＊花椒＝中国の実山椒

材料（4人分）

春キャベツ	250g
豚肉（生姜焼き用）	250g
片栗粉	小さじ1

[合わせ調味料]

甜麺醤	大さじ1
醤油	大さじ2/3
黒酢	大さじ1/2
胡椒	少々
酒	大さじ1

花椒（粗くつぶす）	小さじ1
赤唐辛子	1〜2本
（半分に切って種を出す）	
サラダ油	大さじ1

キャベツと肉の下ごしらえ

❶ キャベツは大きめのひと口大の乱切りにして、さっとゆで、水けをきる。
❷ 同じ湯で、ひと口大に切った豚肉をゆでて水けをきり、片栗粉をまぶす。合わせ調味料をつくる。

炒める

❸ 炒め鍋に油、粗くつぶした花椒、赤唐辛子を入れて中火にかけ、香りが出たら②を加えて炒め、合わせ調味料をからめる。
❹ キャベツを入れてさっと炒め合わせ、器に盛りつける。

鶏肉とれんこんの
粒マスタード炒め

丸山久美

香ばしく焼いた鶏肉と一緒に、れんこんをたっぷり炒めます。
粒マスタードと醤油の風味で、ごはんがすすむおかずです。

≡ 材料（4人分）≡

鶏もも肉 ……… 2枚（約400g）
　塩、胡椒 ……………… 各適量

れんこん ………………… 180g
　　　　　（小さめのもの2節）
オリーブオイル ……… 大さじ1
酒 …………………… 大さじ3
粒マスタード ………… 大さじ2
醤油 ………………… 小さじ2

肉と野菜の下ごしらえ

❶　鶏肉は、脂を取りのぞいて食べやすい大きさに切り、塩、胡椒をふっておく。

❷　れんこんは、皮をむいて約5mm厚さの輪切り（大きければ半月切り）にし、水につけておく。

焼いて蒸し煮

❸　フライパンを温めてオリーブオイルを入れ、①を皮めからこんがり色づくまで、中火で焼く。裏に返し、水けをきった②を加えて炒める。フライパンの余分な油は捨てる。酒を加えてふたをし、中火で3〜4分蒸し煮する。

調味する

❹　粒マスタードと醤油を入れ、中火で煮からめる。

牛肉とねぎの
オイスターソース炒め

2018.3月号

岡田めぐみ

牛肉のうまみと、
たっぷり入れる3種類の
ねぎがよく合います。
薄切り肉を使うので、
油通しの必要がありません。

材料（4人分）

牛肉（薄切り）	300g
酒	大さじ2
醤油	小さじ1
玉ねぎ	1個
長ねぎ	1本
万能ねぎ	½束
サラダ油	大さじ1
Ⓐ オイスターソース	大さじ1
酒	大さじ2
醤油	大さじ2
塩	小さじ½
黒胡椒	小さじ⅓

肉と野菜の下ごしらえ

❶ 牛肉はひと口大に切り、酒と醤油をもみこんでおく。

❷ 玉ねぎは半分に切り、繊維を断つように4〜5mm幅に切る。長ねぎは1cm幅の斜め切り、万能ねぎは小口切りにする。

炒めて調味する

❸ 炒め鍋に油を熱し、①をさっと炒めて取り出す。そこに玉ねぎを入れてすき通るまで強火で炒め、長ねぎを加えて炒める。牛肉を戻してⒶで調味し、最後に万能ねぎを入れてひとまぜし、仕上げる。

ガーリックステーキ、パセリライス

2013.12月号

Mako

ガーリックをたっぷりきかせた醤油味のビーフステーキ。あらかじめ肉を常温に出し、フライパンを熱くするのが、肉を上手に焼くポイント。パセリをたっぷりまぜたごはんと合わせて。

材料（6人分）

- 牛肉ステーキ用 …… 6枚
  （ヒレ、サーロインなど好みの部位、常温に出しておく）
  - 塩 …… 少々
  - 胡椒 …… 適量
- にんにく（薄切り） …… 6片
- サラダ油 …… 大さじ2
- しめじ …… 2パック
  （大きめの房に分ける）
- 醤油 …… 大さじ4
- みりん …… 大さじ2
- パセリライス …… 3合分
  ＊分量は左下に
- クレソン …… 適量

しめじとにんにくを炒める

❶ フライパンにサラダ油（分量外）をひいてしめじをソテーし、取り出す。

❷ ①のフライパンにサラダ油とにんにくを入れて中火にかけ、香りを立たせながらこんがりと色づくまで炒め、にんにくを取り出す。

肉を焼く

❸ 肉に軽く塩、胡椒をする。再びフライパンを火にかけ、熱々になり、煙が上がり始めたら、肉を密着させるように入れ、片面をこんがりと焼き色がつくまで焼く。

❹ 火の強さは変えずに裏返し、同じように焼き色をつける。

盛りつけ

❺ 温めた皿にパセリライス（左記）を盛り、④を食べやすくカットし、①とともにのせる。

ソースをつくる

❻ フライパンに少量の水を入れて火にかけ、焼いたときに出たうまみをこそげながら、にんにく、醤油、みりんを加えて煮つめ、つやつやのソースができたら火をとめる。ステーキにかけ、クレソンをのせる。

パセリライスのつくり方

炊きたてのごはん3合に、パセリのみじん切り1束分、バター25g、醤油大さじ1〜2（または塩小さじ½）、胡椒、ガーリックパウダー各適量を入れてさっくりまぜ、皿に盛りつける。

＊パセリの茎は、ベイリーフやセロリの葉と一緒に自家製ブーケガルニに。密閉袋に入れて冷凍保存しておくと、煮こみ料理にすぐ使えて便利。

チキンソテー、ゴルゴンゾーラソース

2013.10月号

加藤真夢

さっぱりした鶏のささみに、濃厚なゴルゴンゾーラチーズのソースをかけて。サフランライスやパスタと合わせてもよいでしょう。サラダを添えればランチのワンプレートとしても楽しめます。

≡ 材料（4人分）≡

鶏ささみ肉
　　……6〜8本（300〜350g）
（または鶏むね肉
　　………… 300〜350g）
塩、胡椒 …………… 各少々
小麦粉 ……………… 適量
エリンギ …………… 2本
サラダ油 …………… 適量
バター ……………… 10g
白ワイン …………… 40ml
生クリーム ………… 100ml
ゴルゴンゾーラチーズ
（1cm角ぐらいにほぐす）… 40g

[バターライス]
ごはん ……………… 2合分
バター ……………… 10g
パセリ（みじん切り）…… 適量

材料の下ごしらえ

❶　ささみは平らになるように切り開き、斜めにそぎ切りして塩、胡椒をふり、全面に小麦粉をふる。
❷　エリンギは長さを半分にして、薄切りにする。

ささみをソテーする

❸　フライパンにサラダ油を入れて中火にかけ、バターをとかし、ささみをひと並べにして焼く。②も入れてソテーする。ささみの両面にこんがりと焼き色がついたらワインをまわし入れ、水分をとばす。

ソースをつくる

❹　③の火を弱め、生クリーム、ゴルゴンゾーラチーズを入れてとかす。少々煮つめて味を確かめる。

バターライスをつくって盛りつけ

❺　炊きたてのごはんにバターを入れてまぜ、パセリも加えてまぜる。皿に盛り、④をかける。

和風ラタトゥイユ

2018.8月号

野村絋子

大きめに切った夏野菜に鶏肉を加えた、食べごたえのあるラタトゥイユ。
黒酢の入った和風の味つけは、ごはんにもぴったりです。
鶏肉を塩麹に漬けてから焼くことで、味に深みが生まれます。

材料（4人分）

- 鶏もも肉 …… 2枚(約400g)
- 塩麹 …………… 大さじ2
- 完熟トマト（小） … 4〜5個
- ズッキーニ ………… 1本
- 茄子 ………………… 3本
- 赤・黄パプリカ …… 各1個
- にんにく（みじん切り）… 1片
- サラダ油 ………… 大さじ2
- Ⓐ 黒酢・酒 …… 各¼カップ
    うす口醤油 …… 小さじ1

材料の下準備

❶ 鶏肉は余分な脂を取りのぞいてひと口大に切り、塩麹をもみこんで20分おく。
❷ トマトは半分に切る。他の野菜はひと口大の乱切りにする。

炒め煮して仕上げ

❸ 厚手の鍋を熱し、サラダ油大さじ1を入れて①を炒める。残りの油を加え、にんにく、野菜を入れてしっかり炒める。
❹ Ⓐを加え、ふたをして中火で20分位煮る。水分が十分に出たらふたを取り、水分をとばすように10〜20分煮つめる。

読者の声 夏野菜がたくさんとれるラタトゥイユ。いろいろなレシピを試したのですが、子どもたちにはどれも不評。でも、このラタトゥイユはごはんに合うと好評で、夏には週1回のペースでつくっています。（愛知・50代）

豚しゃぶとレタスの梅・生姜和え

2018.8月号

野村紘子

ひとつの鍋で、主菜もつけ合わせもでき上がる、忙しい日にぴったりの1品。
肉をしっとりやわらかく仕上げるこつは、70〜80℃の湯で火を通すこと、
ゆでたら冷水に取らず、余熱でうまみをとじこめること。驚くほどおいしさが違います。
梅干しの酸っぱさがきいたたれで、元気の出る味わいです。

材料（4人分）

- 豚ロース肉（しゃぶしゃぶ用） …… 200g
- レタス …… 6枚
- サラダ油 …… 大さじ1
- 酒 …… 大さじ2

[梅生姜だれ]
- 梅干し（包丁で細かくたたく） …… 1個
- 生姜（すりおろす） …… 20g
- 煎り酒＊ …… 大さじ3

＊煎り酒をつくる場合は、酒300mlと梅干し（塩分約15％）大1個を煮立て、かつお節3〜4gを加えて半量になるまで煮つめ、こす

レタスをゆでる

❶ 鍋にたっぷりの湯を沸かし、サラダ油を加え（つややかになる）、レタスを大きめにちぎってさっとゆでて、ざるに取る。

肉を湯通しする

❷ ①の鍋に水少々を加え、温度を80℃位に下げる。酒を加え、豚肉を広げながら4〜5枚ずつさっと湯通しし（色がほんのりピンクになる程度）、ざるに取る。

仕上げ

❸ たれの材料をまぜて、②とさっと和える。①とともに器に盛り、残ったたれをまわしかける。

すぐできる野菜料理

おいしくなぁれ　上手な葉もの調理のこつ

ウー・ウェンさんに聞きました

1　長さをそろえて切る

葉もの野菜を切るときに束をわしづかみにして、一度にざくざく切っていませんか。長さがまちまちになったり、切断面が斜めになる原因。長さをそろえれば、火を通す時間は同じです。美しい切断面は、食感のよさにつながります。野菜をぞんざいに扱うと、でき上がりの味わいに大きく影響すると肝に銘じましょう。

2　水けをふき取る

洗った野菜は、清潔なタオルに広げておくと水けをきることができます。炒めるときによけいな水分がついていると、油がはねるだけでなく、フライパンの中はびしゃびしゃに。

3　時間差で炒める

葉ものは、茎と葉ではかたさも形状も違います。それぞれをちょうどよく仕上げるには、一度にフライパンに入れてはだめ。茎に火が通るころには、葉はしなびてしまいます。茎、葉と時間差をつけて炒めましょう。

4　水分を出さない火加減「中火」で

「中国料理は強火」というイメージがあるようですが、私は常に中火です。道具も腕も料理人とは違います。強火のところに材料を入れても、焦げついてしまうだけ。中火でていねいに、まんべんなく火を通すことで、野菜の水分が流れ出ず、素材のもつうまみも凝縮されます。

1章・すぐできる野菜料理

小松菜のシンプル炒め

2012.11月号

ウー・ウェン

葉ものの炒めものは、もっともシンプルな料理ですが、あなどってはいけません。
切り方、炒め方、調味のタイミングなど、おいしく仕上げるには、いくつものこつがあります。

材料（1単位）

- 小松菜 …………… 1束（約300g）
- 塩 ………………… 小さじ¼
- 胡椒 ……………… 少々
- サラダ油 ………… 大さじ1

読者の声 野菜が足りないときの定番です。「上手な葉もの調理のこつ」を頭に入れて炒めます。ときには、わかめやきのこも入れます。（愛媛・70代）

小松菜を切る

❶ 小松菜は3cm長さに切り、茎と葉を分けておく。

炒めて盛りつけ

❷ 炒め鍋にサラダ油を入れて熱し、小松菜の茎を入れ、中火でていねいに炒める。香りと透明感が出てきたら塩をふり（このときの塩は、次に入れる葉をすぐにしんなりさせるため）、葉を加えてさっと炒め合わせ、胡椒で香りをつけ、器に盛りつける。

＊茎は火を通し、葉は熱を通すために炒める。

ドイツのおばあちゃんの
きゅうりサラダ

2014.7月号

門倉多仁亜

母方の祖母がよくつくってくれた、きゅうりのサラダ。
カレーや煮こみ料理に、味と彩りのアクセントとして添えるのが、いつものスタイルでした。
甘みを少し加えるのがポイント。

≡ 材料（4人分）≡

きゅうり	3本
玉ねぎ（粗みじん切り）	¼個分
ディルの葉（粗みじん切り）	小さじ1
塩、胡椒、砂糖	各ひとつまみ
酢	小さじ1
オリーブオイル	大さじ1

きゅうりに塩をふる

❶ きゅうりは斜め薄切りにし、ボウルに入れて塩少々（分量外）をふって少しおく。

和える

❷ きゅうりの水けを軽くきってボウルに戻し、玉ねぎを入れる。塩、胡椒、砂糖を加えてまぜ、酢、オリーブオイルをまわしかけて和える。

❸ ディルも加えて和え、しばらくおいて味をなじませる。

レタスのオイスターソース炒め

2017.6月号

ウー・ウェン

旬のレタスをたっぷり味わうひと品。丸ごとを、芯をつけたまま4つ割りにします。細かく切らないので水けが出すぎず、レタスのシャキシャキ感や甘みが、口いっぱいに広がります。

材料（1単位）

- レタス …… 1個

[合わせ調味料]
- オイスターソース …… 大さじ1
- 酒 …… 大さじ1
- 胡椒 …… 少々
- 油 …… 大さじ1

レタスを切る

❶ レタスは、芯はくりぬかずに4つ割りにする。

蒸し焼き・仕上げ

❷ 炒め鍋に油と①を入れて火にかけ、合わせ調味料をまわし入れてふたをし、約1分蒸し焼きに。ふたをはずし、全体に調味料をからめたら、胡椒で香りをつける。

読者の声 レタスを新鮮なうちに使い切れないのが悩みでした。味もよくシャキシャキした食感も残り、大満足です。（東京・40代）

ピーマンのちりめんポン酢

2014.4月号

本谷惠津子

ある日、急いで料理をしているときに、思わずピーマンを手でさきました。
短時間で味もよくしみるので、切り方やサイズにこだわらないきんぴらや炒めものには
この方法はいかがでしょう。

材料（4人分）

- ピーマン（緑・赤） …… 合わせて約300g
- ちりめんじゃこ …… 30g
- ごま油 …… 大さじ1
- ポン酢（市販のもの） …… 大さじ2

ピーマンを手でちぎる

❶ ピーマンは手でギュッとにぎってつぶし、割れめから適当にさいてへたと種をのぞき、食べやすい大きさにする。

炒める

❷ フライパンにごま油を熱し、①を手早く炒める。

❸ ちりめんじゃこを加え、ポン酢をふり入れて味をからませる。火をとめて、器に盛る。

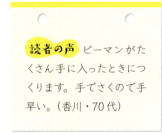

読者の声 ピーマンがたくさん手に入ったときにつくります。手でさくので手早い。（香川・70代）

人参とケッパーの炒め煮

2013.2月号

北村光世

人参の甘みを存分に引き出した料理。まず人参を炒めて油でコーティングし、うまみをとじこめてから、湯を注いでやわらかくする調理法です。かきまぜすぎず、じっくりと火を通してください。

≡ 材料（1単位）≡

- 人参 ……………… 400g
（3cm長さで6〜8つ割り）
- にんにく（みじん切り）
 …………… 小1片
- ケッパー（粗みじん切り）
 …………… 大さじ1 ½
- オリーブオイル … 大さじ3
- 水 ……………… 1カップ
- 塩、胡椒 ……… 各少々

炒める

❶　フライパンにオリーブオイルとにんにくを入れて中火にかけ、にんにくの香りが出たら、人参とケッパーを加えてよく炒める。

水を加えて蒸し煮

❷　油が全体にまわったら、水、塩を加えてふたをし、ときどきまぜながら煮る。途中でふたを取り、人参がやわらかくなるまで煮る。水分が足りないときは少量の水を加える。人参がやわらかくなっても水分が残っている場合は、火を強めて煮つめ、つやよく仕上げる。塩、胡椒で味をととのえる。

ピーマンと人参の炒めもの

2018.3月号

岡田めぐみ

ごくシンプルなレシピをおいしくつくるこつは、
ピーマンの下ごしらえにひと手間かけ、野菜の太さをそろえて切ること。
料理教室でも「あの材料で、この味に？」と、驚きの声が
あがるほど、ていねいに切った作業が報われる味わいです。

材料（4人分）

ピーマン	5個
人参	1本
酒	大さじ1
塩	小さじ1弱
胡椒	少々
サラダ油	適量

読者の声 ピーマンと人参の彩りがきれいで、味つけもシンプル。もうひと品欲しいとき、人参がたくさんあるときによくつくります。（京都・70代）

野菜の下ごしらえ

❶ ピーマンは上下を落として縦に開き、内側の白い筋と薄皮を包丁でそぐ（写真・ここに水分や苦みがある）。
❷ 人参と①を、マッチ棒の長さ、太さに切りそろえる。

炒める

❸ 人参をまずサラダ油で炒め、全体になじんだら酒を入れる。ピーマンを入れてひとまぜしたら、塩、胡椒で味つけする。

春キャベツと人参の
フリフリコールスロー

舘野鏡子

2010.4月号

キャベツを少し大きめに切って、甘みを楽しみます。
刻んだ野菜を入れた袋をふる姪の姿がかわいらしく、"フリフリ"と命名しました。

≡ 材料（4人分）≡

春キャベツ
　　　……… 6～7枚（約350g）
人参 …………………… ¼本
玉ねぎ ………………… ¼個
塩（塩もみ用）…… 小さじ¼

Ⓐ サラダ油 ……… 大さじ2
　 酢 …………… 大さじ2～3
　　　　　　　（好みで加減）
　 砂糖 ………… 大さじ1強
　 塩 …………… 小さじ¼弱
　 胡椒 ………………… 少々

野菜を切る

❶　キャベツは芯の部分は薄切り、葉は3cm長さで1cm幅のざく切りにする。
❷　人参は皮をむいて薄いいちょう切り、玉ねぎは薄いくし切りにする。塩をもみこみ10分位おく。

袋に入れてふる

❸　大きめのポリ袋に①と、しっかり水けをしぼってほぐした②、Ⓐを入れ、口を閉じて、袋を上下にふって全体をなじませる。
❹　袋の空気をぬき、口をしっかり閉じて冷蔵庫に15分以上おく。

＊冷蔵庫で2～3日保存がきく。
＊新玉ねぎを使うときは½個までふやしてもよい。
＊春キャベツでない場合は、冷蔵庫に1時間以上おく。

じゃが芋のごままぶし

2015.11月号

ウー・ウェン

シンプルなじゃが芋料理に、ごまの香りをたっぷりきかせて。炒めたあと蒸し煮にするので、じゃが芋のでんぷん特有のもっちりとした食感が楽しめます。

読者の声 あともう1品ほしいときにつくりやすく、和風の献立にも合わせやすい。（香川・50代）

≡ 材料（4人分）≡

じゃが芋（男爵）
　　……… 2〜3個（400g）
酒 …………………… 大さじ4
粗塩 ………………… 小さじ¼
すりごま …………… 大さじ3
（白でも黒でも好みで）
油（太白ごま油）… 大さじ1

じゃが芋を切る

❶　じゃが芋は皮をむいて、1cm幅のくし形に切る。

炒めて蒸し煮にする

❷　炒め鍋に油を入れて熱し、①を入れて全体に油がなじむように炒め、酒をふったら弱火にし、ふたをして6〜7分蒸し煮にする。じゃが芋に火が通り、まだ水分が残っていたら、やや強火にしてとばす。

仕上げ

❸　②を弱火にし、すりごまをふってよくからめ、粗塩で味をととのえて器に盛る。

れんこんのシャキシャキ炒め

2009.11月号

清水信子

れんこんのシャキシャキ感を存分に味わえる、どなたにも好評の味。
さっとつくれるので重宝します。

材料（4人分）

れんこん ……… 400g

[合わせ調味料]
酒 ……… 大さじ1
黒酢 ……… 大さじ1
醤油 ……… 大さじ2/3～1

ごま油 ……… 大さじ1
ラー油 ……… 小さじ1
いりごま（白）……… 小さじ1

下準備

❶ れんこんは皮をむき、縦半分または4つに切り、ポリ袋などに入れて袋の口をおさえる。肉たたきやすりこぎでたたいてひと口大に砕く。
❷ 合わせ調味料をまぜておく。

れんこんを炒める

❸ フライパンを熱してごま油とラー油を入れてなじませ、①の水けをよくきって入れ、中火で炒める。②の調味料を加えてからめ、れんこんに火が通り、汁けがなくなったら器に盛り、いりごまを指でひねりながらふる。

香菜の白和え

2017.6月号

ウー・ウェン

すり鉢のいらない手軽な白和え。
やさしいごまの風味にわさびをつんときかせた和え衣には、香りのある野菜がよく合います。
きゅうりと青じその葉や、みょうがと合わせてもよいでしょう。

材料（4人分）

木綿豆腐	1丁（300g）
香菜（シャンツァイ）	2束
Ⓐ 練りごま	大さじ1½
練りわさび	大さじ½
粗塩	小さじ⅓

材料の下ごしらえ

❶ 豆腐はざるにのせ、手で押しながら軽くつぶして水けをきる。
❷ 香菜は5mm長さに切る。

和える

❸ ボウルにⒶを入れて合わせ、①を加えてへらでよくまぜたら②を入れて和え、器に盛る。

きくらげの酢炒り

2016.10月号

堀口すみれ子

わが家では、「黒いひと品」とも呼んでいる小鉢。最近は、生のきくらげが手に入るようになったので、肉厚でこりこりとした食感を楽しんでください。

材料（4人分）

生きくらげ	180g
えのき茸	1パック（正味100g）
しめじ	1パック（正味100g）

[調味液]

醤油、酢	各¼カップ
みりん	大さじ1⅔
砂糖	¼カップ弱
水	½カップ
生姜（みじん切り）	少々

きのこの下準備

❶ 生きくらげは、あれば石づきを取り、適当な大きさに切る。
❷ えのき茸は、石づきを切り落として、長さを半分にする。
❸ しめじは、ほぐしておく。

煮る

❹ 調味液を火にかけ、煮立ったらきのこをすべて入れ、中火で水けがなくなるまで煮る。

豆腐とそら豆の卵とじ

2018.6月号

成瀬すみれ

口あたりのよい豆腐に、ほくほくのそら豆。疲れているときにも、おなかにやさしい味です。卵を入れたらふたをして余熱で火を通し、ふんわり仕上げて。

≡ 材料（4人分）≡

絹ごし豆腐	1丁
卵	3個
そら豆	さやつき10本（正味150g）
だし	1カップ
Ⓐ 酒	大さじ1
うす口醤油	大さじ1½
みりん	大さじ1
粉山椒	適量

材料の下ごしらえ

❶ 豆腐は熱湯に入れてひと煮立ちさせ、布巾にあげて水けを取る。

❷ そら豆はさやから出し、甘皮に1カ所縦に包丁目を入れ、かために塩ゆでして皮をむく。

煮る

❸ 鍋にだしを温めてⒶで調味し、豆腐を入れてお玉などで大きくくずす。強火にしてそら豆を入れ、煮立ったところにほぐした卵を手早くまわし入れ、さっとまぜてふたをし、火をとめて1分ほどおく。

❹ 器に盛り、粉山椒をふる。

厚揚げとニラの醤油炒め

2009.6月号

ウー・ウェン

厚揚げは豆腐よりもくずれにくく、コクがあるので、中国料理ではよく使います。
全面をしっかり焼きつけて風味を加えるのがポイント。
野菜はほかに、ピーマンや茄子、きゅうりもよく合います。

材料（4人分）

厚揚げ	1枚（280g）
片栗粉	大さじ½
ニラ	1束（100g）
酒	大さじ1
砂糖	小さじ1
醤油	大さじ1½
サラダ油	大さじ1

材料の下ごしらえ

❶ 厚揚げは1.5cm角に切り、片栗粉を茶こしでふりかけてまぶす。
❷ ニラは3cm長さに切る。

炒める

❸ フライパンにサラダ油を入れて熱し、①を広げて入れる。強火で全面をていねいに焼きつけ、香ばしい香りが出たら、酒、砂糖、醤油で調味する。ニラを加えて（火を通し過ぎないように）さっと炒め、熱々を器に盛る。

NEW RECIPE

工夫いっぱい 野菜の新レシピ10

いつも冷蔵庫にある野菜が、ちょっとした工夫で新たな味に、食べ方に！舘野鏡子さんに切り方を変えるアイディアと料理を、上田淳子さんに手早く蒸し煮するエチュベの手順と料理を新しくご提案いただきます。

舘野鏡子
(p39-41)

●たてのきょうこ
料理番組などのアシスタントを経て独立。子育て中ならではの手早さと工夫を凝らしたレシピが好評。同居している両親には、三度の食事を20年以上つくり続けている。

> 急いでいるときこそ切り方を変えてみませんか。不思議と食欲もわきますよ

毎日の食事づくりは、同じようなメニューになりやすいもの。味つけは変えても、切り方まで変えることは、あまりないかもしれません。野菜は、思いきって切り方を変えてみると、見た目も食感も変化が生まれ、つくるテンションも上がります。私の料理のテーマは「少しの工夫で家族を喜ばせ、自分も楽しむ」。より手軽な方向に変えて、楽しく料理をしていただきたいと思います。

上田淳子
(p42-44)

●うえだじゅんこ
調理師専門学校を卒業後、渡欧。レストランなどで修業したのち、料理研究家に。双子の男の子の育児と家事、仕事の両立を通して生み出されたレシピが好評。

> エチュベ（蒸し煮）の特長は、野菜のうまみが短時間で凝縮されること。おいしいですよ！

野菜は、洗ってゆでてから、和える、炒めるなど工程が多く、調理法もワンパターンになりがちです。エチュベのいいところは、ひとつのフライパンで調理から味つけまで短時間でできること。そして、少量の油分をからめて蒸すので、野菜のうまみが油分のコクとともに凝縮されて驚くほどおいしく、水分量と加熱時間を変えるだけで、何通りもの食感を楽しむことができます。エチュベは、野菜を手早くたくさん食べたい方におすすめです。

1章・野菜の新レシピ10

"切り方を変える"が脱マンネリに

野菜は、切り方で食感が変わるだけでなく、和食向きと思っていた野菜が洋食や中国風の料理に仕上がるなど、新しい味つけに広がることも。組み合わせる肉や野菜の大きさとバランスも考えて、いろいろ試してみてください。

舘野鏡子

◎ いろいろな野菜の切り方

角切り大根

皮をむいた大根を1.5cm厚さに輪切りしてから1.5cm角の格子に切る。コロコロとした、少し大きめのキューブは目新しく、食べやすい。

種なしきゅうり

きゅうりを縦半分に切り、スプーンの先で種を取り、斜め薄切りにする。種を取ることで瓜臭さと水っぽさがなくなり、シャキシャキした歯ごたえと、品のよい香りに。

キャベツチップ

キャベツの葉を1枚ずつはがして洗い、水けを残したまま4～5cm角に切る。密閉容器や密閉袋に入れて冷蔵庫で保存し、冷やしておくと、パリッと鮮度を保つことができる。せん切りより早く切れるので、下ごしらえもラク。

水玉ごぼう

洗ったごぼうを2～3mm厚さの輪切りに。その見た目から"水玉"ごぼうと命名。輪切りは手早く、火の通りも早い。繊維を断ち切るのでやわらかくなり、味もしみやすい。

角切り大根のバター蒸し煮

いちょう切りよりモダンな形なので、洋風料理に仕立てます。バターのうまみがしっかりしみこみ、ほんのり甘い味わいに。

【材料】4人分
大根（皮をむき1.5cm角に切る）…500g
ウインナー（1.5cm幅に切る）…4本

A
　バター…10g
　砂糖…小さじ2
　塩…小さじ½
　胡椒…少々

【つくり方】
❶ フライパンに大根、ひたひたの水、Aを入れ、ふたをして煮立て、弱〜中火で6〜7分蒸し煮する。
❷ 大根に7〜8割火が通ったらウインナーを加え、ふたをして、さらに大根がやわらかくなるまで4〜5分煮る。
❸ ふたをはずし、汁けがあれば火を強め、汁けが完全になくなるまでとばし、つやよく仕上げる。

＊塩けの多いウインナーは、味がぬけないようにあとから加えるのがポイント。

きゅうりと挽き肉のピリ辛炒め

きゅうりに下味をつけておくと味が決まりやすく、豆板醤の辛味と甘酢の酸味が食欲をそそります。白いごはんにぴったりのひと品。

【材料】4人分
きゅうり…3本　塩…小さじ½弱
砂糖…小さじ1　豚挽き肉…100g
生姜（細切り）…1片

ごま油…小さじ1　豆板醤（好みで）…少々
小麦粉…小さじ½強

A　醤油、酢、砂糖…各大さじ1強

【つくり方】
❶ きゅうりは、縦半分に切り、スプーンで種をのぞき、4〜5mm厚さの斜め薄切りにして、塩と砂糖をまぶして15分以上おく。
❷ フライパンにごま油を熱し、生姜を入れて弱火で炒め、挽き肉を加えて火が通ったら、豆板醤を加え、パラリと炒める。
❸ ②の全体に、小麦粉を茶こしでふり入れ（つやがよくなり水っぽくならない）ひと炒めし、①の水けをしぼってほぐし入れる。Aを加え、強火で汁けをとばしながら炒め合わせる。

水玉ごぼうのドライカレー

この切り方なら、ごぼうもカレーによく合います。冷凍保存もでき、お弁当にも、ドッグパンにはさんでホットドッグ風にしても。

【材料】4～5人分
ごぼう…1本（150g）　玉ねぎ…1個
合挽き肉…250g　大豆（蒸し、水煮など）…100g

Ⓐ カレー粉…小さじ2～3（辛さを加減）
　小麦粉…大さじ1

Ⓑ トマトケチャップ…½カップ
　水…¾カップ　白ワイン…大さじ2
　砂糖、醤油…各大さじ1　かつお節…2つまみ

サラダ油…大さじ1　塩…少々

【つくり方】
❶ ごぼうはよく洗い、2～3mm厚さの輪切りにして水に放す。玉ねぎは2～3cm長さに薄く切る。
❷ フライパンに湯を沸かし、ごぼうを入れて1分位ゆで、ざるにあげる。
❸ 同じフライパンを中火で熱し、サラダ油と玉ねぎを入れて3～4分炒める。挽き肉を加えて色がかわったら②を加えて炒め、Ⓐをふり入れて炒める。
❹ 大豆、Ⓑを加えてひと煮し、ふたをして時々まぜながら10分位弱火で煮る。塩で味をととのえる。

キャベツのおかずサラダ

濃い味噌味に炒めた豚バラ肉とオイルコーティングしたキャベツの相性が抜群のサラダ。キャベツチップ（p39）があれば、手早く仕上がります。

【材料】4人分
キャベツ…6～7枚（キャベツチップ・約350g）
豚バラ肉（5～6cm長さに切る）…200g

Ⓐ 味噌、酒、みりん…各大さじ1
　醤油、砂糖…各大さじ1弱
　にんにく（すりおろす）…小さじ½
　生姜（すりおろす）…小さじ1　豆板醤…少々

Ⓑ ごま油…小さじ1　塩、砂糖…各少々

ごま油…大さじ1強　胡椒…適量

【つくり方】
❶ キャベツチップは密閉容器や密閉袋に入れ、冷蔵庫で15分以上冷やす。Ⓐはまぜ合わせておく。
❷ キャベツチップにⒷをからめて器に盛る。
❸ フライパンにごま油を熱し、うっすら煙が立ったら②にまわしかける（キャベツが香ばしくなる）。
❹ ③のフライパンにごま油小さじ1（分量外）を熱し、豚肉を広げながら入れ、両面をこんがり焼く。出てきた脂はキッチンペーパーで吸い取る。
❺ 豚肉がカリッとしたらⒶを加え肉にからめ、熱々を汁ごと③にのせる。好みで胡椒をふる。

エチュベ（蒸し煮）を極めて手早く多彩に

エチュベは、フランス料理の調理法のひとつ。材料の野菜に少量の水と油分を加え、蒸気の力でやわらかくエチュベ（蒸し煮）します。大切なのは、ふたがぴったり閉まるフライパンや鍋を使うこと。野菜は、季節によってみずみずしさが違いますから、素材の状態をよくみて、水分量と加熱時間を調整します。シャキシャキ、しんなり、焼きつけて香ばしく……と、レパートリーが広がります。

上田淳子

◎ エチュベの手順

材料は、野菜＋水分＋油分 ▶

野菜は、ほうれん草のようにアクが出るもの以外なら、葉菜、果菜、根菜などなんでも（写真は、グリーンアスパラガス150g）。水は、シャキシャキなら1/3カップ、しんなりなら1/2カップが目安。油分は約小さじ2。

材料をフライパンに入れる ▶

加熱前のフライパンに材料をすべて入れる。油は、オリーブオイルなら洋風、和風、どちらにも。バターは洋風で風味豊かに。ごま油は中国風の味わいに仕上がる。

ふたをして中火にかけて蒸し煮する

蒸気の力で野菜をやわらかくするため、フライパンの中を常に蒸気で充満させておくことが大切。途中、水が足りなくなったら足す。ふたを何度も開けてかきまぜたり、火加減を弱くする必要はない。

シャキシャキ

しんなり

焼きつけ

歯ごたえを残したエチュベ

加熱時間は3〜4分が目安。ふたを取り、水分が残っていても野菜を取り出す。そのまま炒めて水分をとばしてもよい。

やわらかめのエチュベ

加熱時間は5〜7分（根菜は約10分）が目安。素材によってようすをみながら、水分量や加熱時間を調整する。

焼き色をつけたエチュベ

好みのかたさに加熱したあと、ふたを取り、全体をまぜ、塩、胡椒などで味つけしたら、そのまま焼き色がつくまで2分ほど焼く。

1章・野菜の新レシピ10

玉ねぎとトマトの塩、胡椒風味

白身魚のソテーやハンバーグのつけ合わせに。
冷めたらドレッシングで和えてサラダにしても。

【材料】2〜3人分

玉ねぎ…大1個（約250g）
（1cm厚さのくし切り）
トマト…1個（約150g）
（2cm厚さのくし切り）
水…約⅓カップ
オリーブオイル…小さじ2
塩、胡椒…各適量

【つくり方】

❶ フライパンに玉ねぎ、水、オリーブオイルを入れてふたをする。
❷ 中火にかけ、3〜4分加熱する。
❸ ふたを取り、トマトを加え、全体をまぜながら1〜2分加熱し、塩、胡椒で味をととのえる。

スナップエンドウのオイル蒸し

ゆでることが多いスナップエンドウは、
つやよく濃厚な味わいに仕上がり、おいしさアップ。

【材料】2〜3人分

スナップエンドウ…150g
（筋を取る）
水…約⅓カップ
オリーブオイル…小さじ2
塩、胡椒…各適量

【つくり方】

❶ フライパンにスナップエンドウ、水、オリーブオイルを入れてふたをする。
❷ 中火にかけ、3〜4分加熱する。
❸ ふたを取って全体をまぜ、塩、胡椒で味をととのえる。

キャベツのあっさり蒸し

蒸すことで、うまみと甘みが増したキャベツは、
口当たりもよく食べやすい。

【材料】2〜3人分

キャベツ…250g
（ざく切り）
ベーコン（細切り）…2枚
水…約⅓カップ
オリーブオイル…小さじ2
塩、胡椒…各適量

【つくり方】

❶ フライパンにキャベツ、ベーコン、水、オリーブオイルを入れてふたをする。
❷ 中火にかけ、3〜4分加熱する。
❸ ふたを取って全体をまぜ、塩、胡椒で味をととのえる。
＊うまみ出しのベーコンは、他の材料とともに最初から入れるとよい。

小松菜のこっくり風味

バターの風味がよく合う小松菜。
ゆでるひと手間もなく、とろけるようなおいしさに。

【材料】2〜3人分
小松菜…200g
（3〜4cm長さに切る）
水…約⅓カップ
バター…10g
塩、胡椒…各適量
粉チーズ…小さじ1〜2

【つくり方】
❶　フライパンに小松菜、水、バターを入れてふたをする。
❷　中火にかけ、5分加熱する。
❸　ふたを取り、全体をまぜ、しんなりしたら塩、胡椒で味をととのえる。
❹　器に盛り、粉チーズをかける。
＊小松菜は、根元に切りめを入れ、吸水させてから調理するとよい。

ごぼうのピリ辛風

かたい野菜は、水分量と加熱時間を多くして。
醤油とみりんを加えれば、かんたんきんぴらにも。

【材料】2〜3人分
ごぼう…150g
（5mm厚さの斜め切り）
生姜（細切り）…小½片
水…約½カップ
ごま油…小さじ2
塩、七味唐辛子…各適量

【つくり方】
❶　フライパンにごぼう、生姜、水、ごま油を入れてふたをする。
❷　中火にかけ、10〜15分加熱する（途中、水がなくなりそうなら足す）。
❸　ふたを取り、全体をまぜ、塩で味をととのえる。
❹　器に盛り、七味唐辛子をかける。

ブロッコリーの香り焼き

ゆでてから炒めるより、手間もかからず
焼きつけた香ばしさは格別です。

【材料】2〜3人分
ブロッコリー…200g
（小房に分ける）
水…約½カップ
オリーブオイル…小さじ2
塩…少々
Ⓐ ポン酢、かつお節
　　　　　…各適量

【つくり方】
❶　フライパンにブロッコリー、水、オリーブオイルを入れてふたをする。
❷　中火にかけ5〜6分加熱する。
❸　ふたを取り、全体をまぜ、塩で下味をつける。水分がなくなったら焼き色がつくまで2分ほど焼く。
❹　器に盛り、Ⓐをかける。

2章

「リピート率No.1!」わが家の定番

『婦人之友』読者に支持された料理の数々。
「何度もつくっています!」「困ったときにつくるお助け料理です」
「家族がおいしいと喜び、わが家の定番に」など、
アンケートで票の集まったものばかり。
あなたの家の定番になりますように。

キャベツたっぷりメンチカツ

2016.4月号

石原洋子

甘みがあってやわらかい春キャベツがたっぷり入ったメンチカツ。
ふんわりジューシーな食感です。
肉をとりすぎたくない人にもおすすめ。
たくさんつくって、揚げる前の状態で冷凍もできます。

≡ 材料（4人分）≡

合挽き肉	300g
塩	小さじ½
胡椒	少々
キャベツ	300g
玉ねぎ	½個
生パン粉	¾カップ
卵	1個

[衣]
小麦粉、とき卵、生パン粉	各適量
揚げ油	適量
サラダ菜	適量
ソース（中濃ソースまたはトンカツソース）	適量

野菜の下ごしらえ

❶ キャベツは細切りにして1cm長さに切り、玉ねぎはみじん切りにする。サラダ菜は洗って水けをきっておく。

たねをつくる

❷ ボウルに挽き肉、塩、胡椒を入れ、手でよく練りまぜる。キャベツ、玉ねぎ、生パン粉、卵を加えて、まんべんなくまぜる。8等分にし、小判型にまとめ、まわりがひび割れないように形づくる（ひとつ約100g）。

揚げる

❸ ②に小麦粉をしっかりつけてから、とき卵、生パン粉の順に衣をつける。
❹ 揚げ油を170℃に熱し、③を入れて中火で3分ほど揚げて返す。さらに3分ほど、両面にきれいな色がつき、肉に火が通るまで揚げる。
❺ 器に④を盛り、サラダ菜を添え、好みのソースをかける。

読者の声 初めてつくったとき、キャベツの多さにびっくりしました。あつあつの揚げたてを娘、息子家族と夫婦でいただきました。以来、野菜たっぷりでふわふわメンチカツは定番になりました。（大阪・60代）

牛肉とごぼうの当座煮

2015.4月号

野村紘子

牛肉をメインディッシュにしようと思うと、経済もかかりますが、これは食べごたえのあるごぼうと一緒なので、それほど多くはいりません。でも、食べたときの満足度はとても高く、フライパンひとつでできる手軽さも魅力です。ごぼうに短い時間で火が入る切り方だけ、気をつけておつくりください。

≡ 材料（1単位）≡

牛肉焼肉用または赤身
（薄切り）……300g
ごぼう…2本（約200g）
＊皮と身の間に香りとうまみがあるので、皮はむかずに使う

A　生姜（すりおろし）
　　………40g
　　醤油……大さじ3
　　三温糖……大さじ4
　　酒……¼カップ
　　水……¼カップ

赤味噌……大さじ1½

材料の下ごしらえ

❶　ごぼうはたわしでよく洗い、細めで長めの乱切りにし、水に放したらすぐに水けをきる。
❷　牛肉は3〜4cm幅に切る。

蒸し煮にする

❸　深めのフライパン（直径約26cm。鍋でもよい）に①をしき、上に牛肉を広げる。

❹　中火にかけ、よくまぜたⒶをまわしかける。
❺　全体を木べらでかるくまぜ、煮汁を全体にまわす。ふたをして中火弱で10分蒸し煮にする。途中2〜3回まぜる。

味噌をとき入れる

❻　煮汁を小さめのボウルに取って味噌をとき、⑤にまわし入れてまぜ、ひと煮して火をとめる。
❼　ふたをして、冷めるまでそのままおき、味をふくませる。

＊最後に加える味噌が、コクと深みに。

読者の声　牛肉といえば当座煮、というくらい家族皆が大好きなメニュー。こっくりとした味でごはんがすすみます。フライパンだけでつくれて簡単です。（群馬・50代）

蒸し鶏と鶏飯

2014.2月号

ウー・ウェン

おいしさと手軽さが特徴のひと品。鶏肉をロール状にして調理し、余熱でじっくり火を通すので、うまみがぎゅっと凝縮されます。3〜4日ほど冷蔵保存でき、肉に濃い味をつけていないので、アレンジを楽しみながら飽きずに食べきれます。チャーハンや焼きそば、スープ、夏は棒々鶏などにも。

蒸し鶏をつくる

❶ 鶏もも肉は胡椒、粗塩をまぶして10分ほどおく。ロール状に形づくり(しばらなくてよい)、巻き終わりを下にして蒸し器に並べる。

❷ 蒸気の上がった鍋に①を入れ、弱火で25〜30分蒸して火をとめ、ふたをしたまま冷めるまでおく。

≡ 材料（1単位）≡

鶏もも肉……4枚
　胡椒………少々
　粗塩…大さじ1

[たれ]
醤油、黒酢、ごま油 … 各同量
生姜（みじん切り）……適量
長ねぎ（みじん切り）……適量

ごはん、半熟卵、青み（刻んで・写真はクレソン）
……………………………………各適量

たれをつくって盛りつけ

❸ 鍋にたれの材料と調味料を合わせ、煮立たせる。

❹ ごはんにスライスした蒸し鶏と、半熟卵をのせ、③をかけて、青みをのせる。

＊たれは、加熱後、保存容器に入れ、冷蔵庫に常備しておくと重宝。蒸し魚、蒸しじゃが芋、ゆでた青菜、湯豆腐、鍋のつけだれなどにも使える。

ロールキャベツ

2017.2月号

小山瑛子

キャベツに包まれた挽き肉には肉汁がぎゅっとつまっています。弱火でじっくりコトコト煮こんだトマトスープは、こっくりとしたソースになり、主役を引き立てます。

材料（4人分）

- キャベツ …… 中1個
- 合挽き肉 …… 500g
- 玉ねぎ（みじん切り）
  …… 1個（200g）
- サラダ油 …… 大さじ1
- Ⓐ 胡椒 …… 少々
  パン粉 …… ½カップ
  牛乳 …… 大さじ6
  塩 …… 小さじ1強
- トマト水煮缶
  …… 1缶（400g）
- 固形スープの素（刻む）
  …… 1個
- 酒 …… ½カップ
- 水 …… 適量
- Ⓑ トマトケチャップ
  …… 大さじ4
  砂糖 …… 小さじ2
  醤油 …… 大さじ1
  バター …… 30g

野菜の下ごしらえ

❶ 玉ねぎはサラダ油で炒め、冷ます。
❷ キャベツは芯をくりぬき、芯を上にしてたっぷりの熱湯に3〜4分入れ、外側の葉からはがし、8枚用意する。葉の芯は厚みをそぐ。

たねをつくる・包む

❸ 合挽き肉と①とⒶを合わせてよく練り、8等分して俵型にする。
❹ ③を②で包み、楊枝（またはスパゲッティ・乾）でとめる。浅めの鍋にひと並べにし、すき間があれば残りのキャベツをつめる。

煮こむ

❺ ④に、ざるなどでこしたトマト缶、スープの素、酒、水をひたひたまで加え、落としぶたをして弱火で1時間煮る。ロールキャベツがスープから出ないように、途中水を加える。Ⓑを加え10分ほど煮る。

鶏肉のカリカリ焼き

2013.9月号

小山瑛子

下味に漬けた鶏肉を焼き、ピリリとした香味だれをかけます。最後にのせるらっきょうが、アクセントに。風味豊かで、味わいにも変化が生まれ、夏場の食欲増進にも。

≡ 材料（4人分）≡

鶏もも肉	約400g
小麦粉	大さじ1
サラダ油	大さじ2

Ⓐ
醤油	小さじ1
酒	小さじ1
胡椒	少々

Ⓑ
長ねぎ（みじん切り）	¼本
生姜（みじん切り）	2片
醤油	大さじ1 ½
酢	大さじ1
酒、ごま油、砂糖	各大さじ½
豆板醤	小さじ1

らっきょう漬け（小口切り）	大さじ2
レタス（食べやすくちぎる）	適量

下準備

❶ 鶏肉は厚い部分に切りめを入れ、開いて平らにし、Ⓐをもみこんで10分ほどおく。Ⓑを合わせておく。

焼く

❷ 鶏肉の汁けを軽くふき、小麦粉をまぶす。フライパンにサラダ油を入れて熱し、皮めを下にして入れ、中火で3分、焼き色がついたら裏返す。ふたをして、弱火で7～8分焼いて中まで火を通す。

盛りつけ

❸ 器にレタスをしき、食べやすい大きさに切った②を盛り、熱いうちにⒷをかける。らっきょうをのせる。

クリスピーチキン

2013.5月号

舘野鏡子

ささみにまぶしつけたコーンフレークのサクサク感と香ばしさが、大好評のクリスピーチキン。スティック状につくり、手で持てるようにしました。パーティーにも、お弁当にもおすすめです。『婦人之友』掲載時より、衣つけがスピーディーにできるレシピになりました。

材料の下ごしらえ

❶ ささみは、筋を取りのぞき、縦半分に切って、白ワイン、Ⓐをふる。

❷ コーンフレークはボウルに入れ、手で粗くにぎりつぶしておく。

揚げる

❸ 160℃に熱した油でローズマリーを素揚げし、塩をふる。
❹ ボウルにⒷを入れてまぜ、①をくぐらせて②をつける。170～180℃に熱した油で5分ほど、途中返しながら色よく揚げる。
❺ ③と④を形よく盛りつける。

＊ローズマリーを先に素揚げすることで、揚げ油にハーブの香りが移り、そのあとに揚げるささみにも、ローズマリーの風味がほんのりつきます。
＊多めにつくり、衣をつけた状態で冷凍しておくと、いつでも気軽につくれます。

≡ 材料（4人分）≡

鶏ささみ … 約300g(4～5本)
白ワイン … 大さじ1
Ⓐ オレガノまたはバジル
　（乾燥）… 小さじ½
　にんにく（すりおろし）
　　　　　… 極少量
　＊ガーリックパウダーでもよい
　塩 … 小さじ¼
　胡椒 … 少々

[衣]
Ⓑ 小麦粉 … 30～35g
　とき卵 … 1個分
　牛乳 … 大さじ4
コーンフレーク（プレーン）
　　　　　… 約150g
ローズマリー（生）… 適量
塩 … 少々
揚げ油 … 適量

黒酢酢豚

2009.6月号

ウー・ウェン

北京料理の酢豚は、本来豚肉だけでつくります。
わが家の子どもたちは、
このレシピでつくった"王道酢豚"が大好物。
豚肉は、やわらかく仕上げるためにじっくり揚げます。

豚肉に下味をつける

❶ 豚肉は厚さに合わせて1.5cm幅位に切り、下味をつけておく。片栗粉を薄くまぶす。

揚げる

❷ 180℃に熱した油で①をじっくり揚げて中まで火を通し、油をきる。

味をからめる

❸ フライパンに合わせ調味料を入れて煮立て、②を入れて全体にからめる。

❹ 器に盛りつけて長ねぎをちらす。

≡ **材料（4人分）** ≡

豚ロース肉（トンカツ用）…300g

[下味]
胡椒 …………………… 少々
塩 ……………………… 少々

片栗粉 ………………… 大さじ2
揚げ油 ………………… 適量

[合わせ調味料]
黒酢 …………………… 大さじ3
塩 ……………………… 小さじ¼
砂糖 …………………… 大さじ1 ½
醤油 …………………… 小さじ1
酒 ……………………… 大さじ1

長ねぎ（みじん切り）… 10cm長さ

牛肉と野菜のさっと煮

2018.6月号

成瀬すみれ

しゃぶしゃぶ用の牛肉を使って、短時間でつくれるメインのおかず。
季節の野菜は、甘みと歯ごたえが残るように、やさしい味わいのだしでさっと煮ます。

材料（4人分）

牛肉（しゃぶしゃぶ用） ……… 200g
うど ……… 1本
グリーンアスパラガス … 4本

[煮汁]
だし ……… 2カップ
酒 ……… 大さじ1
みりん ……… 大さじ2
うす口醤油 ……… 大さじ3

材料の下ごしらえ

❶ 牛肉は、大きければ食べやすい大きさに切る。
❷ うどは4cm長さに切り、皮を厚くむいて水に放し、縦4等分に切る。
❸ グリーンアスパラガスは根元のかたい部分をピーラーなどでむき、4cm長さに切る。

火を通す

❹ 鍋にだしを煮立てて調味料を加え、うどとアスパラガスを入れてさっと火を通したら、牛肉をほぐしながら入れる。中火にし、肉の色が変わったらアクをのぞき、野菜の歯ごたえが残るぐらいで火をとめる。
❺ 彩りよく器に盛る。

ゆで豚とキャベツ、ピリ辛ソース

松本忠子

2011.8月号

夏の食卓におすすめの、薄切り肉を使った、ゆで時間の短いゆで豚。
ソースは、XO醤を使ったピリ辛味。奥ゆきのある味わいで、食欲も増します。

材料（4人分）

- 豚ロース肉（薄切り）………… 300g
- キャベツ ……………………… 5〜6枚
- 長ねぎ ………………………… 1本

[ソース]
- XO醤 …………………………… 大さじ3
- 酢 ……………………………… 大さじ1½
- 塩 ……………………………… 小さじ1
- 生姜汁、醤油、みりん …… 各大さじ1
- いりごま（白・半ずり）……… 適量

キャベツ、豚肉の順にゆでる

❶ たっぷりの湯に塩と酒（分量外）を入れ、キャベツをさっとゆでて水けをきり、ひと口大に切る。続いて豚肉をゆでてざるにあげる。

白髪ねぎとソースをつくる

❷ 長ねぎは縦2つ割りにして芯を取り、ごく薄い斜め切りにして水に放し、パリッとさせる。ソースの材料をよくまぜ合わせ、いりごまをふる。

盛りつけ

❸ 豚肉とキャベツ、白髪ねぎを皿に盛り、ソースをかけていただく。

ゴーヤ豚天

2016.7月号

舘野鏡子

から揚げ風味の衣をつけた豚肉の揚げもの。ゴーヤが同量入りますが、お肉をしっかり食べている満足感があります。切り落とし肉なので火の通りも早く、やわらかで経済的。夏のそうめんのつけ合わせや、お弁当にも大活躍です。

材料の下ごしらえ

❶ 豚肉は大きければひと口大に切り、Ⓐをからめておく。
＊この状態で冷凍可。
❷ ゴーヤは縦半分に切って種とわたをのぞき、4〜5mm幅に切る。

衣をまぜこむ

❸ ボウルにⒷを入れてよくまぜ、小麦粉も加えてさっくりまぜる。①、②を加え、手でもみこむようにまぜてなじませる。

揚げる

❹ 揚げ油を約180℃に熱し、③を手で大きめのひと口大に形づくって落とし入れる。表面がかたまったら、ときどき返しながら6〜7分、こんがりと揚げる。

＊野菜は玉ねぎ、人参、ごぼうなどでも。

材料（4人分）

豚切り落とし肉 ……… 300g
Ⓐ 醤油、砂糖、ごま油、酒 ……… 各大さじ1
　にんにく（すりおろす） ……… 少々
ゴーヤ ……… 1本
Ⓑ とき卵 ……… 1個分
　水 ……… ¼カップ
　塩 ……… 小さじ¼
　砂糖 ……… 小さじ2
　ベーキングパウダー ……… 小さじ½
小麦粉 ……… ½カップ強
揚げ油 ……… 適量

読者の声 家庭菜園のゴーヤが豊作で、ゴーヤチャンプルー以外に何か…と思っていたときに出合ったレシピ。冷めてもおいしく、お肉たっぷりで満足感があります。（兵庫・60代）

秋刀魚とごぼうのかき揚げ

2014.9月号

石原洋子

このかき揚げは、秋刀魚につけた下味がきき、天つゆがなくても十分です。
さらりとした衣を薄くつけるので、時間がたってもおいしく、
お弁当に入れるときには前日につくっておいてもよいでしょう。

材料の下ごしらえ

❶ 秋刀魚は3枚におろし、中央の小骨を切り取って、1cm幅の斜め切りにする。下味に10分ほどつける。

❷ ごぼうはきれいに洗い、縦に5〜6本切りこみを入れてささがきに。水に5分ほどつけ、ざるにあげて水けをふく。

揚げる

❸ ボウルに衣の材料を合わせてまぜる。①の汁けをふいて小麦粉をまぶし、②とともに衣に入れてまぜる。

❹ 170℃の揚げ油にスプーンでひと口大ずつ入れ、カラッとするまで4〜5分揚げる。

❺ サニーレタスを適当な大きさにちぎり、④の下にしく。

材料（20〜24個分）

秋刀魚
…… 2〜3尾（正味200g）

[下味]
醤油、酒 …… 各小さじ2
おろし生姜 …… 小さじ1

小麦粉 …… 小さじ2

ごぼう …… ½本(100g)

[衣]
小麦粉
…… ⅔カップ強（80g）
水 …… ⅔カップ
塩 …… 小さじ¼

揚げ油 …… 適量
サニーレタス …… 適量

読者の声 秋刀魚がごぼうとよくマッチしていて、つくりおきやお弁当のおかずにもなる。時折、娘や孫に宅急便で送ったりも。（滋賀・70代）

鯖の辛子竜田揚げ

2011.10月号

柳原一成

わが家の定番「辛子竜田揚げ」をつくりながら、三枚おろしの手順、揚げ方のこつをご紹介します。辛子を醤油にとくことで、青魚特有のくせがとれます。さわやかな辛味なので、お子さんたちでもじゅうぶん召し上がれます。

材料の下ごしらえ

❶ 鯖は三枚におろして（写真A〜J）、腹骨をすき取り（写真K・L）、骨ぬきで小骨をぬいてバットに皮めを下にしておき、薄塩（分量外）をふって10分ほどおく。

❷ とき辛子に分量の醤油を、だまができないように少しずつ入れて「辛子醤油」をつくる。

❸ ①の皮めの尾の際まで、浅く横一文字に包丁目を入れ（写真M）、3cm幅に切る。②に5分ほど漬けて下味をつける。

❹ れんこんは皮をむいて薄く切り、酢水（分量外）に漬ける。さつま芋は皮のまま薄切りし、水にさらす。

❺ 谷中生姜は、根の部分を包丁で杵形にむき、熱湯にさっとくぐらせ、甘酢を倍量の水で割った中に漬け、「酢どり生姜」にする。

揚げる

❻ 揚げ油を180℃に熱し、③の鯖に片栗粉をまぶし、皮めを上にして色よく揚げる。次に油を170℃にし、水けをふき取った④のれんこんとさつま芋を素揚げにして薄塩（分量外）をふる。

❼ 器に、鯖の皮めを上にして盛り、れんこんとさつま芋の素揚げを前盛りにし、酢どり生姜を添える。

≡ 材料（1単位）≡

鯖 ……………………… 1尾
とき辛子 ………… 大さじ1
 （粉辛子 大さじ1 ＋
  ぬるま湯 大さじ2）
醤油 …………………… 大さじ2
片栗粉 …………………… 適量
揚げ油 …………………… 適量

れんこん（細めのもの）
 ……………………………… 50g
さつま芋 ……………… 50g
谷中生姜 ……………… 4本

[甘酢]
酢 ……………………… 大さじ2
砂糖 …………………… 大さじ1
塩 ………………………… 少々

◎三枚おろし　　500gを超える魚は、背→腹の順に包丁を入れる「背腹おろし」で

A　胸びれを頭につけて、両面から包丁を入れて切り落とす。包丁は押しつけるのでなく、前に押し出す要領で。

B　肛門まで切り目を入れて腹を切り、内臓を取り出す。

C　流水で手早く血合いを洗い流す。

D　背側から中骨まで包丁を入れ、骨に添わせて尾の方に引く。

E　腹側から中骨まで、包丁を押し入れる。

F　尾から平らに包丁を差しこみ、「表身」をおろす。これで二枚おろしに。

G　腹側の尻びれあたりから中骨まで包丁を入れる。

H　背側の背びれあたりから中骨まで包丁を入れ、尾の方へすべらせるように食いこませる。

I　尾の近くに包丁を差しこみ、肩に向かって引く。

J　三枚おろしが完了。左右対称におろす。

> 鯖は「生き腐れ」と言われるほど鮮度の低下が早い魚です。鮮度を保持したまま活けじめした場合には、刺身として味わうこともできますが、基本的には加熱するか、酢じめする方がよいでしょう。

◎腹骨をすく

K　返し刃にして、尾の方から腹の方へ腹骨をそぐ。

L　魚の向きを変えて、腹骨をすき取る。

◎切る

M　頭の方から尾に向かって、皮めに浅く飾り包丁を入れ、3cm幅に切る。

サーモンのマリネ

2014.7月号

門倉多仁亜

暑いときは、酢のきいたさっぱり味のマリネがおすすめ。少し多めにつくり、添えるハーブを変えれば、2〜3日楽しめます。

材料（4人分）

サーモンの切り身……4切れ
　塩、胡椒…………各少々
　小麦粉………………適量

玉ねぎ、赤パプリカ
　………………………各1個
ディル（生）……………適量
オリーブオイル（またはサラダ油）…………………適量

[マリネ液]
黒酢………………100ml
砂糖、醤油………各小さじ2
塩…………………小さじ1/5
赤唐辛子（種を取る）…1本

下準備

❶　マリネ液の材料を合わせてよくまぜる。
❷　玉ねぎは薄切り、パプリカは種を取って2〜3mm幅に切り、①にまぜる。
❸　サーモンは皮を取ってひと切れを2〜3等分にし、塩、胡椒をふって、小麦粉をまぶす。

焼く・漬ける

❹　フライパンにオリーブオイルをひいて熱し、③を入れて焼き、火が通ったら油をきって、マリネ液に漬ける。ちぎったディルを加える。
❺　④を冷蔵庫に入れ、1時間ほど味をなじませる。

秋刀魚の黒胡椒煮

2012.9月号

清水信子

脂ののった秋刀魚は、塩焼きにして大根おろしでいただくのが定番ですが、新秋刀魚なら、黒胡椒煮がおすすめです。黒胡椒がピリリときいて、ごはんにもよく合います。どなたにも喜ばれる味なので、手土産にも向きます。

読者の声 秋刀魚は塩焼きしか知らなかったので、黒胡椒煮は衝撃でした。冷めてもおいしいので手土産にすると、必ず驚いてもらえるお料理です。(熊本・40代)

材料（4人分）

- 秋刀魚 ……………… 4尾
- Ⓐ 酒 ……………… ⅔カップ
  - 水 ……………… 1カップ
  - 砂糖 …………… 大さじ2
  - みりん ………… 大さじ2
  - 醤油 …………… 大さじ3
- 胡椒（黒）…… 小さじ2〜3

魚の下処理

❶ 秋刀魚は、洗って頭と尾を落とし、内臓を取って（写真）、流水で洗う。水けをふき、4〜5つの筒切りにする。

頭を落としたら、腹の部分を指で軽く押すと、内臓が出てくる。包丁で引っ張るとしぜんにぬける。

煮る

❷ 浅鍋またはフライパンにⒶを入れて煮立て、①を並べる。粗く挽いた黒胡椒を上からちらし、煮汁をすくいかけながら1〜2分煮る。落としぶたをして、弱めの中火で15〜20分ほど煮たらでき上がり。

❸ 器によそい、煮汁をかける。

鰹の豆豉蒸し

2016.9月号

岡田めぐみ

≡ 材料（4人分）≡

鰹（刺身用）……… 1さく（約250g）
生姜 …………………………… 1片
長ねぎ ………………………… ½本

Ⓐ 豆豉 ………………………… 30g
　 醤油 ……………………… 大さじ1
　 酒（あれば紹興酒）… 大さじ1
　 砂糖 ……………………… 小さじ1
　 一味唐辛子 ……………… 少々
　 ごま油 …………………… 大さじ1

＊豆豉…大豆を発酵させて干したもの。中国料理では調味料として用いる

脂ののったもどり鰹に、豆豉をちらして蒸すさっぱりとしたひと皿。豆豉のコクと風味が食欲をそそり、息子たちは朝からごはんと一緒に、モリモリと食べています。

下準備

❶ 鰹は1cm厚さの斜め切りにする。
❷ 生姜は皮をむいてせん切り、長ねぎは3～4cm長さにし、せん切りにして白髪ねぎにする。
❸ Ⓐを合わせておく。

器ごと蒸す

❹ 蒸し器に入る器に薄く油（分量外）をひき、①を並べ、生姜をちらし、③をかけて、蒸気の上がった蒸し器で3～4分蒸す。
❺ 蒸し上がったら白髪ねぎをのせ、食卓へ。

マカロニポテトサラダ

2016.4月号

石原洋子

何十年もつくり続けてきたポテトサラダ。マカロニが入るところがわが家流。手間なようでも野菜はそれぞれの下処理をていねいにしておくことで、全体がまろやかな仕上がりに。

材料（4人分）

新じゃが芋	3個（450g）
人参	⅓本
レモン汁	小さじ1
塩	小さじ¼
マカロニ（乾）	70g
塩	小さじ1
きゅうり	1本
Ⓐ 水	½カップ
塩	小さじ½
玉ねぎ	¼個
ゆで卵（2cm角に切る）	2個
マヨネーズ	½カップ
レモン汁	小さじ1
塩、胡椒	各少々

じゃが芋、人参、マカロニをゆでる

❶ じゃが芋はひと口大、人参は薄いいちょうに切って、ひたひたの水に塩少々（分量外）を入れた鍋で、ふたをずらしたまま中火弱でゆでる。やわらかくなったら水けをきり、粉ふきにし、レモン汁と塩をまぜ、粗熱を取る。

❷ マカロニは、1Lの熱湯に塩を入れてやわらかめにゆで、ざるにあげる。ボウルに入れてラップをし（乾燥を防ぐ）、粗熱を取る。

きゅうりを塩水につけ、玉ねぎを水にさらす

❸ きゅうりは小口切りにして、Ⓐの塩水に30分つけて水けをしぼる。玉ねぎは薄切りにし、水にさらしてもみ、水けをしぼる。

和える

❹ ボウルに具をすべて入れてマヨネーズで和え、レモン汁、塩、胡椒で味をととのえて、器に盛る。

大根のグラタン

2014.12月号

舘野鏡子

冬野菜の大根を使ったグラタン。
とろりとした味わいは、
ホワイトソースとよく合います。
フライパンひとつで、
具もホワイトソースも仕上がるのも魅力。

材料の下ごしらえ

❶ 大根、エリンギは3〜4cm長さで5mm角に、ベーコンは5mm幅に切る。マカロニは塩を入れた熱湯で指定時間通りにゆでる。

炒めて蒸し煮

❷ フライパンにバターを熱し、ベーコンを入れてさっと炒め、大根、エリンギを加えてひと炒めする（3〜4分間）。

❸ Ⓐを加え、ふたをして弱〜中火で約10分、大根がやわらかくなるまで蒸し煮する。

煮る

❹ ボウルに小麦粉をふるい入れ、牛乳を少しずつ加え、泡立て器でなめらかにときのばす。

❺ ③に④を一気に加え、中〜強火でへらでまぜながら、ふつふつするまでしっかり煮る。マカロニも加えて全体をまぜ、塩を入れて味をととのえる。

オーブンで焼く

❻ 耐熱容器に移し、ピザ用チーズをふり、220℃に熱したオーブンで7〜8分焼く（オーブントースターでも可）。

≡ 材料（5〜6人分）≡

大根 500g	Ⓐ 固形スープの素 ½個
エリンギ 100g	水 200ml
ベーコン（スライス）50g	小麦粉 40g
マカロニ（乾）100g	牛乳 500ml
｜塩 適量	塩 小さじ¼
バター 20g	ピザ用チーズ 50g

ポテトグラタン

2013.12月号

Mako

≡ 材料（6人分）≡
（容量2Lの耐熱容器）

じゃが芋（中）…6個（約600g）

[ソース]
コーンクリーム缶
　…………… 大1缶（435g）
牛乳 ……………………… 300ml
マヨネーズ ……………… 大さじ1
スープの素（顆粒）…… 小さじ1

ピザ用チーズ …………… 150g
パン粉 …………………… 大さじ2
粗挽き胡椒（黒）、パプリカパウダー、オリーブオイル、パセリの粗みじん切り ………… 各適量

ホワイトソースをつくらない、手軽なグラタン。
パーティーのときには手間のかからないオーブン料理が重宝です。
ボリュームを出したければ、ソーセージやベーコンを入れてもよいでしょう。

下準備

❶　大きめのボウルにコーンクリームと牛乳、マヨネーズ、スープの素を入れてよくまぜておく。
❷　じゃが芋は、皮をむいて5mm厚さに切ってやわらかくなるまでゆでる。
❸　オーブンを250℃に予熱する。

耐熱容器に入れる

❹　耐熱容器に①と②を交互に入れながら（最後に①をたっぷりかけられるように加減する）、厚みが均一になるように広げる。

オーブンで焼く

❺　④の表面にチーズ、パン粉、粗挽き胡椒、パプリカパウダーをふりかけ、最後にオリーブオイルをまわしかける。オーブンに入れ、230℃に下げておいしそうな焼きめがつくまで10〜15分焼く。
❻　焼き上がったら、パセリをちらす。

＊ソースの材料をすべてミキサーにかけると、コーンクリームスープにもなる。冷製仕立てにしてもおいしい。

茄子の中国風味噌煮

2013.9月号

小山瑛子

茄子の皮をむいて素揚げにしてから、中国風の味で煮るおかず。
とろりとした茄子はなんとも贅沢な味わいですから、皮をむくひと手間は欠かしません。
むいた皮も無駄にせず、塩もみやきんぴら、ぬかみそ漬けなどにします。

材料（4人分）

茄子	5個（450g位）
長ねぎ	½本
生姜（せん切り）	少々
甜麺醤	大さじ2

Ⓐ
醤油	大さじ2
酒	大さじ1
砂糖	小さじ1 ½
鶏がらスープの素（顆粒）	小さじ1
湯	200ml
胡椒	少々

片栗粉（同量の水でとく）	大さじ1
サラダ油	大さじ1
揚げ油	適量

野菜の下ごしらえ

❶ 茄子はへたを取って皮をむき、縦8つに切る。長ねぎは2つ割りにして約5cm長さに切る。

素揚げする

❷ 茄子を、高温の油で素揚げしておく。

煮こむ

❸ ②の油をあけた鍋に甜麺醤、長ねぎ、生姜を入れ、火をつけて炒める。Ⓐを加えて②の茄子を戻し入れ、煮汁が⅔量位になるまで煮こむ。水どき片栗粉でとろみをつけ、鍋肌からサラダ油をまわし入れて火をとめる。

❹ 熱々を器に盛り、供す。

＊切り落とした茄子のへたも素揚げし、塩をふってもおいしい。

茄子の田舎煮

2016.10月号

堀口すみれ子

素揚げした茄子を、少し甘めに煮つけて丸ごと味わう田舎煮。
茄子をムラなく煮ふくめるために、煮汁は多め。とろけるような仕上がりです。
同じ煮汁でいんげんなどを煮てもよいでしょう。

≡ 材料（1単位）≡

茄子 ………… 8～10個

[煮汁]
だし ………… 2カップ
砂糖 ………… 大さじ3
みりん、酒 …… 各大さじ2
醤油 ………… 1/4カップ強

揚げ油 ………… 適量

茄子の下ごしらえ

❶ 茄子は上下を切り落とし、縦に茶せんに切りこみを入れ、水に放してアクぬきをし、水けをふき取る。

素揚げする

❷ 160℃の油に①を入れて、まわしながら揚げる。強火だと皮が焦げるので注意する。

煮る

❸ 煮汁を沸かして煮立ったら、よく油をきった②を入れて、落としぶたをして中火で10分ほど煮ふくめる。

中国風茶碗蒸し、
搾菜と刻みねぎのせ

小山瑛子

シンプルな中国味の茶碗蒸し。蒸すときに器ひとつずつにアルミホイルで
きっちりふたをすると、すが入らず、つややかでなめらかな仕上がりに。

≡ 材料（4人分）≡

卵	3個
鶏がらスープ（顆粒）	大さじ1
湯	400ml
Ⓐ 長ねぎ（みじん切り）	大さじ2
搾菜（みじん切り）	大さじ2
ごま油	少々

卵液をつくる

❶ 鶏がらスープを湯でとき、冷ましておく。
❷ 卵を割りほぐし、①とまぜて万能こし器でこして、4つの器に分け、アルミホイルをかぶせる。

蒸す

❸ 蒸し器の湯が沸とうしたら②を並べ、強火で5分、弱火にして10〜13分蒸す。
❹ Ⓐの材料を合わせて、蒸し上がった③にのせる。

グリーンアスパラガスと新人参のジョン

2013.3月号

チョン・テキョン

「チヂミ」ともいわれる料理。
野菜や魚介、肉などの
具材に、小麦粉や卵の衣を
つけて焼きます。
もっちりした食感と、
こんがりと焼き上げた香ばしさは、
誰もが好きなひと品。
具の種類はたくさんありますが、
今回はアスパラガスと新人参で。

≡ 材料（4人分）≡

グリーンアスパラガス（太め） ……… 4〜5本	新人参 ……… 1本（160g）（4cm長さのせん切り）
（中〜細めなら8〜10本）	小麦粉 ……… 60g
粗塩 ……… 少々	水 ……… 90ml
小麦粉 ……… 適量	サラダ油 ……… 適量
とき卵 ……… 1個分	**[酢醤油]**
	酢と醤油を1：1の割合で

グリーンアスパラガスのジョン

❶ グリーンアスパラガスは、下半分はピーラーで皮をむき、太いものなら縦半分に切ってから、長さを半分にして粗塩を軽くまぶす。

❷ ①に小麦粉をまぶし、とき卵をくぐらせ、油をひいて温めたフライパンに、4〜5本を1組にして並べ、焼く。並べたアスパラガスがばらけないように、とき卵をすき間に流すとよい。こんがり焼き色がついたら返し、両面を焼く。

新人参のジョン

❸ 小麦粉と水をまぜて衣をつくり、人参を入れてまぶし、油をひいて温めたフライパンに⅛量を入れて直径5cm位に広げ、両面に焼き色がつくまで焼く。同じ要領で、残りをすべて焼く。

❹ ②、③を温かいうちに、酢醤油をつけながらいただく。

《 料理研究家の紹介 》

● 石原洋子

いしはらひろこ・日本料理、中国料理、フランス料理を学び、洗練された上品で確かな味が好評。著書に『わが家のからだにいい料理』（小社刊）ほか多数。

「ていねい」を心がけて

つくり手によってでき上がりの味が違うとしたら、その差は、仕事の「ていねいさ」にあるのかもしれません。同じ幅に刻んだ野菜の口あたりは、シャキッとしてやさしいですし、同じ呼吸で返しながら揚げたフライは、軽くて香ばしいものです。
食べものを慈しんで、急所をおさえてつくることも、味つけのひとつなのだと思います。

● ウー・ウェン

北京生まれ。1990年に来日。ウー・ウェンクッキングサロン主宰。日本の家庭でもつくりやすい、素材を生かした中国の家庭料理を広める。

ものごとをシンプルに

中国料理は「五目炒め」などのように、いくつもの食材を一度に炒める料理と思われがちですが、ひとつの素材で調理する野菜料理や、肉や魚に、香りや食感を出すための野菜を1種類だけ加えるといった、シンプルなものが基本です。ですから私は、季節の食材を無理なくおいしく食べられる料理を大切にしています。

● 成瀬すみれ

なるせすみれ・日本料理、懐石料理をもとにした季節感のある家庭の味を長年自宅で教えた。『わたしの保存食シリーズ』（小社刊）に協力。2018年逝去。

旬の野菜を合わせて

和食とは、少々手がかかるイメージがあるかもしれませんが、素材の活かし方や栄養面に優れ、ごはんに合うおかずとして、毎日の食卓には欠かせないものです。
季節感を出しやすいのも和食。山の幸や海の幸に、旬の香り野菜などを合わせると、ふだんのおかずが、新しい味、よそゆきのひと品にも変化します。

● チョン・テキョン

家庭料理や韓国宮廷料理、薬膳料理の研究、開発をする。日本語と韓国語による料理教室を主宰。つくりやすいレシピの考案に力を入れる。韓国在住。

体によい野菜をたっぷりと

幼いころ、母がつくってくれた日々の野菜料理が、私の料理の原点で、それが、自分の健康にもつながっていると実感しています。
ご紹介しているジョンは、野菜が1種類しかなくても立派なひと品になりますし、何より手軽な調理法です。手元にある野菜で、また、魚介類でもお試しください。

3章

忙しいときこそ、ほったらかし料理

忙しい毎日に役立つのは、手早い料理ばかりではありません。
朝のうちに鍋を火にかけておけば、夜には煮ものができ上がったり、
火にかけている間に、もうひと品つくれたり……。
かたまり肉も野菜の煮こみも、鍋に入れれば手を放せるのですから、
鍋ひとつでつくる"ほったらかし"料理は、私たちの強い味方。
ゆっくりしたい在宅日にも、おすすめです。

野菜たっぷりチキンカレー

2017.5月号

上田淳子

カレーはひとつの鍋でできる料理の代表ですが、ときには皮むきいらずの夏野菜を使ったこんなレシピはいかがでしょう。
みずみずしい野菜の水分だけで煮るので、うまみがぎゅっとつまった味に。
肉には下味がつき、野菜からはとろみが出るので、ルーの量はいつもの半分で。
冷たくしてバゲットにぬっても。

材料の下ごしらえ

❶ 鶏肉は余分な脂を取ってひと口大に切り、にんにく、生姜、塩をもみこむ。玉ねぎ、茄子、ズッキーニは1.5cmの角切り、トマトはざく切りにする。

蒸し煮にする

❷ 鍋（ふたがぴったりできるもの）に野菜をまんべんなく入れ、その上に肉を広げる。ふたをして中火にかけ、温まってきたら火を少し弱め、焦げないように気をつけながら、弱火で約15分煮る。全体をまぜ、ふたをしてさらに10分煮る。

≡ 材料（4〜6人分）≡

鶏もも肉	300g
おろしにんにく	小さじ⅓〜½
おろし生姜	小さじ1
塩	小さじ½
玉ねぎ	2個（400g）
茄子	1〜2本（100g）
ズッキーニ	1本（200g）
トマト（完熟した大きめのもの）	2個（400g）
カレールー（市販品）	50〜70g
（野菜が多いので辛めがおいしい）	
塩、胡椒	各適量

このままふたをして火にかけると、野菜から水分が出てじっくり蒸される。

ルーを入れる

❸ 火をとめ、カレールーを入れる。鍋の熱でルーがとけたら再度弱火にかけ、とろみがついたら、塩、胡椒で味をととのえる。

読者の声

カレーは家族が大好きなメニュー。これは夏野菜を切って煮こむだけなので、いつものカレーのようにじゃが芋や人参の皮をむく手間がかからない。近所の友人、子どもにも好評でした。（千葉・40代）

とにかくかんたんで野菜がたっぷり。市販のルーを使ってこれほどおいしいのは驚きです。夏は畑で収穫した野菜を使って、ズッキーニはきゅうりに代えたりしてつくっています。（栃木・50代）

3章・忙しいときこそ、ほったらかし料理

塩豚のポトフ

2018.2月号

藤井 恵

肉も野菜も大きいままコトコトと1時間余り。
煮こみスープの真骨頂の味わいです。
手間がかからないお助け料理なので、
たっぷりつくって、翌日アレンジしても。

≡ 材料（4人分） ≡

[塩豚]
豚肩ロース肉（ブロック） ……400g
塩……6〜8g
（肉の1.5〜2%）
＊塩をすりこみ、ラップに包んで冷蔵庫で1〜2日おく

Ⓐ 白ワイン……½カップ
　 ベイリーフ……1枚
　 水……10カップ

Ⓑ 玉ねぎ（丸のまま）……小4個
　 人参（皮つきのまま）……小4本

じゃが芋……小4個
ブロッコリー……1株
ベーコン（ブロック・4等分に切る）……100g

粒マスタード……適量

塩豚と香味野菜を煮る

❶ 大きな鍋に水けをふいた塩豚、Ⓐ、Ⓑを入れて火にかけ、煮立ったらアクをのぞき、ふたを少しずらしてかけ、弱火で60〜90分煮る。

野菜とベーコンを加える

❷ 塩豚を煮ている間に、じゃが芋は皮をむいて水にさらし、ベーコンとともに①に加えて15〜20分煮る。ブロッコリーは茎を長めに小房に分け、①に加えて1〜2分煮る。

盛りつけ

❸ 肉を食べやすく切り、器に野菜、スープとともに盛り、粒マスタードを添える。

ピェンロー（中国の白菜鍋）

2018.2月号

藤井 恵

ひと晩かけてじっくりとった
干し椎茸のだしで、白菜を
くたくたになるまで煮ます。
最後にかけるごま油から
立ちのぼる香りと、
黄金色のスープに
食欲をそそられます。

材料の下ごしらえ

❶ 白菜は縦4等分にし、4cm長さに切る。干し椎茸は、軸をのぞいて4等分に切る。豚肉は4～5cm長さに、鶏肉はひと口大に切る。春雨は熱湯をかけ、約10分おいて食べやすい長さに切る。

材料を煮る

❷ 大鍋に④、酒、豚肉、鶏肉を入れて火にかけ、煮立ったらアクをのぞき、白菜の芯、葉を順に加え、ごま油大さじ1を入れる。（白菜は2～3回に分けて入れ、そのつど上からスープをかける）

❸ 再び煮立ったら、ふたをして弱火で50～60分煮、塩、春雨、残りのごま油を加えて5～6分煮る。

盛りつけ

❹ 器に盛りつけ、香菜をちらして胡椒をふり、好みで酢をかける。

≡ 材料（4人分／直径24cmの鍋）≡

白菜 …………………… ½個	豚バラ肉（薄切り）… 200g
④ 干し椎茸（さっと洗い、分量の水につけ冷蔵庫でひと晩おく）…… 12枚	鶏もも肉 …………… 1枚
水 …………… 6カップ	酒、ごま油 …… 各大さじ2
	塩 …………… 大さじ½
	春雨 …………… 50g
	香菜、粗挽き胡椒、酢（好みで）……… 各適量

野菜おでん

2014.11月号

渡辺あきこ

だしをたっぷりふくんだごろごろ野菜を主役に。
ねりものは、2種類位入ればおでんらしくなります。

材料の下ごしらえ

❶ 大根は2cm厚さの輪切りにして皮をむき、片面に十字の切りこみを入れる。耐熱皿に並べ、水大さじ1をふってラップをし、竹串がスッと通るまで、電子レンジ(500W)で8分ほど加熱する。
❷ じゃが芋は皮をむいて縦半分に切り、里芋と一緒に水から10〜12分、かために下ゆでする。
❸ ちくわは長さを半分にし、斜め半分に切る。さつま揚げは油ぬきして半分に切り、早煮昆布は水にくぐらせ、縦に約2cm幅に切って(4本)結ぶ。小松菜はゆでて5cm長さに切る。

具材を煮る

❹ 土鍋に煮汁を煮立て、小松菜以外を入れて弱火で10分煮る。火をとめて20〜30分おき、再び温めて小松菜を加える。

≡ 材料（4人分）≡

大根	300g
じゃが芋（メークイン）	2個
里芋（皮をむく）	4個
ちくわ	1本
さつま揚げ	2枚
早煮昆布	12cm長さ
小松菜	100g

[煮汁]

だし（かつお節）	7カップ
うす口醤油	大さじ3
みりん	小さじ2
塩	小さじ½

冷やしおでん

2017.7月号

石原洋子

大ぶりに切った夏野菜を煮て、
冷たくしていただくおでん。
冷める過程で
味がしっかりしみこみ、
夏の疲れを癒すおかずです。
湯むきしたトマトを
加えてもよいでしょう。

≡ 材料（3〜4人分）≡

冬瓜	¼個（600g・正味450g）
赤パプリカ	大1個
オクラ	1パック（80g）
さつま揚げ（小）	8枚（200g）
卵	4個

[煮汁]

だし	4カップ（かつお節＋昆布）
酒	大さじ3
みりん	大さじ3
醤油	大さじ½
塩	小さじ2

材料の下ごしらえ

❶ 冬瓜はひと口大に切って種とわたをのぞき、薄く皮をむく。パプリカは縦半分に切ってへたと種を取り、8等分に切る。オクラはへたのまわりの汚れた部分をそぎ取り、塩少々（分量外）をふって板ずりし、きれいに洗う。さつま揚げは、熱湯でさっと油ぬきをする。

❷ ゆで卵（半熟）をつくる。沸とうした湯に、冷蔵庫から出し立ての卵をそっと入れて6分ゆで、冷水に取って殻をむく。

野菜を煮て冷蔵庫へ

❸ 鍋に煮汁の材料を煮立て、冬瓜を入れて落としぶたをし、弱火で10〜15分ほど煮る。竹串が通るくらいにやわらかくなったら、パプリカ、オクラ、さつま揚げを加えて弱めの中火で3〜4分煮る。火からおろして②を加え、粗熱を取って冷蔵庫で冷やす。

読者の声 朝つくって冷蔵庫で冷やしておけば、その間においしくなる。暑い時期に本当に美味！夏野菜がたっぷりとれるのもよくつくる理由です。（広島・50代）

鶏肉と豆腐の酒塩鍋

2014.11月号

渡辺あきこ

だしと酒がベースのさっぱりとした鍋もの。
たれをつけて、2通りの味を楽しんで。

材料（4人分）

鶏もも肉	1枚（約300g）
豆腐（木綿）	1丁（350g）
長ねぎ	½本
柚子の皮（せん切り）	適量
Ⓐ だし（かつお節）	3カップ
酒	¼カップ
塩	小さじ½
うす口醤油	大さじ1

[たれ]

醤油、水	各大さじ2
ごま油、酢	各小さじ2
砂糖	小さじ1
長ねぎ（みじん切り）	小さじ2
にんにく（すりおろし）	小さじ1

材料の下ごしらえ

❶ 鶏肉は3cm角に切る。豆腐は8つに切る。長ねぎは、縦に切りこみを入れて芯をはずし、芯は斜め薄切りに、外側は4cm長さのせん切りにする。

時間差で材料を煮る

❷ 鍋にⒶを合わせて煮立て、鶏肉を入れる。弱火にしてアクをすくい、豆腐を入れて5分煮る。長ねぎの芯を入れてひと煮立ちさせ、火をとめてせん切りの長ねぎと柚子をちらす。

たれをつくる

❸ たれをまぜて、つけながらいただく。

豚の梅酒煮

2012.10月号

本谷惠津子

梅酒だけでなく、漬けた梅も使ってつくる煮豚です。梅が豚肉のくさみを取り、こっくりとした中にもさわやかな味わいに。スライスし、主菜として、朝食のハム代わりに、サンドイッチに、お弁当にと、さまざまにいただきます。お正月料理にも、ぜひどうぞ。

材料（1単位）

豚肩ロースまたはもも肉（ブロック）…… 500g×2本

Ⓐ 醤油………… ½カップ
　梅酒………… 1カップ
　梅酒の梅…… 5〜6粒
　水… 肉がかぶるくらい
　　　（1〜1½カップ）

ベビーリーフ………… 適量

肉を霜ふりにする

❶ 豚肉は煮立った湯にさっと通し、霜ふりにする。

弱火で煮る

❷ 新たに鍋にⒶを入れ、約60℃（手引き湯程度）になったら①を入れ、ふたをせずに弱火で40〜50分煮る。途中肉を返し、アクをのぞく。

盛りつけ

❸ 器に、薄切りにした②を並べ、煮つめた煮汁をかける。彩りにベビーリーフと梅を添える。梅は、ほぐしながら一緒にいただくとおいしい。

豚の角煮

2013.4月号

堀口すみれ子

≡ 材料（4人分）≡

- 豚バラ肉（ブロック）……約500g
- おから…………60g
- 酒……………1カップ
- 水……………1カップ
- 砂糖…………¼カップ
- 醤油…………¼カップ
- 青み（ほうれん草、青梗菜など）……適量

こっくりと煮こんだ角煮は、ごはんのすすむおかず。下ゆでに使うおからが、豚の脂分を吸うので、口あたりはさっぱりと仕上がります。

肉を下煮する

❶ 豚バラ肉は2cm幅に切る。

❷ 厚手鍋に、たっぷりの湯、おから、豚肉を入れ、落としぶたをして強火にかける。煮立ったら弱火にし、2時間ほど煮る。肉がやわらかくなったら火からおろす。肉はボウルに移し、ついたおからを流水で静かに洗う。

加熱＋休ませる→ひと晩おく

❸ ②の鍋をきれいにしたら、肉を並べ、酒、水、砂糖、醤油を入れ（ひたひたになるくらいがよい）、落としぶたをして弱火で1時間ほど煮る。火をとめてふたをし、5時間ほどおく。表面の脂を取りのぞき、再び30分ほど煮てひと晩おく。

再び温める

❹ いただく直前に温め直してから器に盛り、青みにゆでたほうれん草を食べやすく切って添える。

＊好みで和辛子をつけても。

牛すね肉のじっくり煮

2018.1月号

舘野鏡子

材料（1単位）

牛すね肉（ブロック）
　………… 700〜800g
　（直径5〜6㎝のもの）

Ⓐ にんにく（つぶす）
　………………… 1片
　長ねぎ（ぶつ切り）
　……………… ½本分
　生姜（薄切り）…1片分
　酒、みりん、醤油
　………… 各½カップ
　砂糖………… 大さじ4
　胡椒………………少々

アボカド………… 1個
ピンクペッパー……適量

牛のブロック肉で華やかさを出しますが、すね肉を使うので価格は抑えられます。
子どもから高齢の方まで食べやすいように、じっくりとやわらかく煮て。
お正月や人が集まるときにも向きます。

肉をゆでこぼす

❶　牛すね肉はたこ糸で巻き（形よく仕上がる）、一度ゆでこぼす。

煮る

❷　鍋（直径18〜20㎝）に①、Ⓐ、かぶるくらいの水を入れて煮立て、アクを取り、弱火で1時間〜1時間半、肉に竹串がすっと通るまで煮る。そのまま冷まし、肉だけジッパーつき保存袋に移し、冷蔵庫に入れる。

煮汁を煮つめる

❸　煮汁を、ペーパータオルをしいたざるでこし、⅓量に煮つめ、完全に冷まして②に注ぎ入れ、空気をぬいて口を閉じ、半日ほどなじませる。このまま冷蔵庫で1週間ほど保存でき、煮汁は冷えてジュレ状になる。

盛りつけ

❹　アボカドは種、皮をのぞいて5㎜厚さ、肉は3〜4㎜厚さに切る。

❺　器に④を盛り、ピンクペッパーを手でたたいてちらす。ジュレ状のままの煮汁をかける（室温でしぜんにとける）。

《 料理研究家の紹介 》

● 堀口すみれ子

ほりぐちすみれこ・基本を大切にする品のよい家庭的な食卓が身上。おもてなし料理も好評。詩人でエッセイスト。父は詩人でフランス文学者の堀口大學氏。

食べてくださる人がいてこそ

子育て中の娘を見ていると、毎日、手のこんだものを何品もつくるのは難しいと感じます。けれど、料理は食べてくださる方がいてこそ、心をこめてつくれるように思います。そして、少しの手間を惜しまずに、ていねいにすると、おいしくできるもの。「また食べたい」とリクエストされる味をつくることを、大切にし続けたいと思います。

● 本谷恵津子

もとやえつこ・沢崎梅子氏、本谷滋子氏に学ぶ。イタリア料理を取り入れた手早い家庭料理が好評。監修に『基本の家庭料理 和食篇・洋食篇』(小社刊)。

家族でととのえる食卓

限られた経済と時間でも、おいしく、栄養バランスのよい食事を工夫してきました。その中でも、野菜もたんぱく質も一度にとれる「鍋ひとつ」の料理は私の味方です。今は、近所の息子家族を応援する立場になり、食欲旺盛な孫たちのおやつや夕食を用意しています。家族が、盛りつけや洗いものなどをしぜんに分担しています。

● 渡辺あきこ

わたなべあきこ・料理学校の講師を務めたあと、独立。和食を中心にした家庭料理のほか、子育て料理も得意。郷土料理の研究にも力を入れる。

だしを意識して

私は東京育ちなのでかつお節の風味が好きですが、関西は、昆布だしや昆布とかつおだし。関東では、そばつゆに代表される醤油のきいた濃いだしが一般的。四国は煮干しが主役ですし、北九州や日本海側の地方では、あご(とびうお)のだしを使います。「汁料理」の多い日本では、ときに本来の"だし"を意識してはいかがでしょう。

● 藤井 恵

ふじいめぐみ・「家族の元気は食卓から」をモットーに、栄養バランスのよい、つくりやすいレシピが好評。韓国料理も得意。管理栄養士。2女の母。

体も心もあたたかく

寒い日は、大きい鍋に肉や野菜をたくさん入れて、コトコトゆっくり煮こみます。冷えた体はもちろんのこと、心の中もじんわりあたためてくれるスープ。緑黄色野菜も大切ですが、私は白い野菜(白菜、きのこ、大根おろしなど)もたくさん入れて、汁ごとたっぷりいただきます。翌日以降は豆乳やうどんなどを入れて、変化も楽しみましょう。

4章
季節の野菜をたっぷり漬けて

マリネ、ピクルス、甘酢漬け……。
旬の出盛り野菜が一度にたくさん手に入ったら、
日もちするようにひと手間かけて保存しておくと、
いつでも食べられる副菜のひと品になります。

かぶのレモンマリネ

2017.3月号

Mako

春先のやわらかく甘みのあるかぶでつくるマリネ。洋風の肉料理には、
さっぱりとしたレモン風味がよく合います。前日から漬けておいてもよいでしょう。

材料（4〜6人分）

かぶ	5個
レモンの皮（国産）	1個分
レモン汁	1個分
赤唐辛子	1本
粒胡椒（黒・白）	各10粒
ピンクペッパー	10粒
砂糖	大さじ1
塩	小さじ1
ベイリーフ	3枚

下準備

❶ かぶは皮をむいて上下を切り落とし、薄い輪切りにする。スライサーを使う場合は、葉元を少し残しておくと持ちやすい。皮がきれいなときは洗ってむかずに使う。

❷ レモンはきれいに洗い、皮をむいて細切りにする。赤唐辛子は種を取って、輪切りに。

マリネする

❸ すべての材料と調味料を合わせてもみ、なじませる。1時間後から食べられる。保存は冷蔵庫で。2〜3日で食べきる。

＊レモン汁が少ない場合は、酢（またはワインビネガー）を少し加えてもよい。

オクラのピクルス

2014.8月号

北村光世

私が初めてオクラに出合ったのは、1970年代に訪ねたアメリカ南部のルイジアナ州でした。ディルシードのきいた風味がとても気に入り、夏になると多めに漬けては冷蔵庫で保存し、漬けもの代わりに食べています。日本の漬けものより薄味なので、飽きがきません。揚げものや肉料理などのつけ合わせとしてもおすすめです。オクラはベーターカロチン、ビタミン類が多く栄養価の高い野菜というのも魅力です。

材料（1単位）

オクラ	約40本

[ピクルス液]

水	3カップ
塩	大さじ1½〜1⅔
酢	大さじ2
赤唐辛子（種を取る）	1本
粒胡椒（黒）	約10粒
コリアンダーシード	小さじ1弱
ディルシード	小さじ1弱

オクラをきれいにする

❶ オクラは、へたの先が黒い場合は薄く切り落とし（切りすぎるとぬめりが出るので注意）、ボウルに入れる。

ピクルス液に漬ける

❷ 小鍋（アルミ製でないもの）にピクルス液の材料を入れ、2分ほど煮立てる。沸とうしたまま①に注ぎ、浮き上がらないように皿などをのせ、冷ます。

❸ 保存容器（ガラス、ホーローなど）に入れて、冷蔵庫で保存する。液がにごらなければ、2週間はもつ。

＊盛りつける前に縦半分に切っても。

セロリの酢漬け、かつお風味

2014.3月号

村岡奈弥

この料理は、祖母がよくつくってくれたものです。
かつお節の風味がきいていてセロリの青臭さがなく、セロリが苦手だった私も、
もりもり食べられました。セロリをさっと湯通しし、熱いうちに和えることで、
時間をおかなくてもすぐに味がしみこみます。
セロリは肝機能を高め、冬の間に体内にためこんだ老廃物を排出する効果がありますから、
ぜひ春先に、たっぷりとっていただきたい食材です。

≡ 材料（1単位）≡

セロリ	4本
酢	大さじ3
醤油	大さじ1 ½
かつお節	8g

漬け汁をつくる

❶ ボウルに酢と醤油をまぜ合わせておく。

セロリを湯通しして漬ける

❷ セロリは筋を取って大きめの斜め切りにし、さっと湯通ししたら水けをきり、①に入れてしっかりからめる。

❸ かつお節を加えてまぜ合わせる。すぐにいただいてもおいしい。保存する場合は、容器に入れて冷蔵庫へ。4～5日で食べきる。

ゆでゴーヤの南蛮風

2016.7月号

舘野鏡子

盛夏に次々に収穫できるゴーヤを、南蛮風味に漬けて。やや細長いひし形に切ることで、やわらかく、歯ごたえも楽しめる食感に。そうめん、冷奴などにもよく合います。

≡ 材料（1単位）≡

ゴーヤ …………… 大2本
塩 ………… 熱湯の1%弱

[漬け汁]
醤油 …………… 大さじ4
みりん ………… 大さじ3
砂糖 …………… 大さじ1
ごま油 ………… 大さじ1
かつお節 ……… 大さじ2
赤唐辛子（輪切り）… 少々

ゴーヤを切る

❶ ゴーヤは縦半分に切り、種、わたをのぞく。さらに縦半分に切り、斜めに8〜10cm長さのひし形になるように切る。

熱湯でゆでる

❷ 塩を加えた熱湯で①を2〜3分ゆで、ざるにあげて粗熱をとる。

密閉袋に入れて漬ける

❸ 密閉袋に漬け汁と②を入れて全体をなじませ、空気をぬいて口を閉じ、1時間以上おく。

＊冷蔵庫で4〜5日保存できる。奈良漬けのような色になるが、味がしみておいしい。

 読者人気★★★レシピ

大根のざらめ漬け

2015.10月号

松本忠子

大根1本を、ざくざくとひと口大の乱切りにして、コクの出るざらめ入りの酢醤油に漬ける常備菜。どこか懐かしい味わいで、歯ごたえもよくいただけます。

材料（1単位）

大根	1本（1kg）

[漬け汁]
醤油	1カップ
ざらめ（茶・中ざらめ）	100g
酢	¼カップ
赤唐辛子(種を取る)	2〜3本

読者の声 類似のレシピはいくつかありますが、その中でも一番美味です。（東京・70代）

漬け汁をつくる

❶ 鍋に漬け汁の調味料を合わせて火にかけ、ざらめが煮とけたら火をとめ、そのまま冷ます。

大根を切る

❷ 大根は長さを2〜3等分にして皮をむき、縦半分に切ってからひと口大の乱切りにする。

漬ける

❸ ②を保存用の密閉袋に入れ、冷ました①を注ぎ入れて、空気をぬいて密閉する。冷蔵庫の野菜室で1日以上漬ける。

＊1週間ほどで食べきる。

新生姜の甘酢漬け

2015.7月号

小山瑛子

春から初夏にかけてつくる
新生姜の甘酢漬けは、鮨のガリとして、
焼き魚に添えて、酢のものに少量加える、
ごはんにまぜるなど大活躍。
歯ざわりよくつくるとおいしさが
引き立ちますから、よく研いだ包丁で、
均一に薄く切るようにしてください。

材料（1単位）

新生姜	200g
[甘酢]	
酢	100ml
砂糖	大さじ2〜3
塩	小さじ½

生姜を切る

❶ 生姜は軸の赤い部分を切り落とし、薄切りしやすい大きさに切り分ける。
❷ 繊維を断つように、できるだけ薄く切る。

大きさを切りそろえてから、繊維を断つように薄く切る

甘酢をつくる

❸ 甘酢を合わせる。

さっとゆでてから、漬ける

❹ 鍋に湯を沸とうさせて生姜を入れ、ひと呼吸、さっとゆでてざるに取る。
❺ 熱いうちに③の甘酢に漬け、全体を甘酢に浸す。
❻ 煮沸したガラスビンに入れて、冷蔵庫で保存し、4〜5カ月で食べきる。

野菜1kgの塩水漬け

2016.1月号

本谷恵津子

≡ 材料（1単位）≡

かぶ	3個
きゅうり	2本
セロリ	2本
パプリカ(赤・黄)	各1個
カリフラワー	1株

＊野菜は合わせて1kgに

Ⓐ 粒胡椒	約20粒
にんにく	2片
赤唐辛子	3〜4本
ベイリーフ	1〜2枚
レモン（薄切り）	3〜4枚
水	1L
塩	大さじ2（水の約3％）

サラダ感覚で食べられると、家族に大好評。
ノンオイルで、レモンの風味がさわやかな
塩水漬けです。

野菜を切る

❶ 野菜はすべてひと口大にし、大きなボウルに入れる。

風味を加える

❷ 野菜にⒶを入れて、まぜ合わせる。

煮立てた液を注いで漬ける

❸ 鍋に分量の水を沸かし、煮立ったら塩を入れて②に注ぎ入れ、平皿1枚をのせて押さえ、そのままひと晩おく。冷めてから保存容器に入れ、冷蔵庫で保存し、4〜5日で食べきる。

夏野菜の香り漬けもの

小山瑛子

2015.7月号

≡ 材料（4人分）≡

きゅうり、茄子	各1本
人参	4cm
みょうが	2個
青じその葉	3枚
キャベツ	2枚
塩	小さじ1

[たれ]

だし昆布（切れ目を入れる）	5cm角
かつお節	5g
醤油、酢	各大さじ1
みりん	大さじ½
いりごま（白）	小さじ1

「あとひと品」というときにうれしい、
香りの高い初夏の漬けもの。
パリパリとした食感で、箸がすすみます。

野菜を切って塩をふる

❶ きゅうりは薄い輪切り、茄子は薄い半月切り、人参は細切り、みょうがと青じその葉は細切り、キャベツは2cm幅に切る。塩をふり、軽く重しをして1時間位おく。

たれをつくって合わせる

❷ たれの材料を合わせて1時間ほどおく。
❸ ①の野菜の水けをかたくしぼり、②のたれから昆布のみを取り出してまぜる。器に盛り、いりごまを指でひねりながらかける。

＊冷蔵庫に入れ、2〜3日で食べきる。

野菜の甘酢漬け、中国風

2016.2月号

村岡奈弥

≡ 材料（1単位）≡

カリフラワー（小房に分ける）
　……………………………… ⅓株
人参（乱切り）……………… 1本
かぶ（8等分のくし切り）…… 大2個
セロリ（1cm弱厚さの斜め切り）
　……………………………… 大1本
香菜、ごま油 ……………… 各適量

[漬け汁]
にんにく …………………… 1片
八角 ……………………… 1〜2個
赤唐辛子（種を取る）……… 1本
酢、みりん ……………… 各120ml
醤油 ……………………… 大さじ6
砂糖、酒 ………………… 各大さじ3

八角とにんにくの風味が食欲を高める甘酢漬け。野菜は、ウイルスへの抵抗力を強めるなど、風邪予防には効果大です。

野菜に塩をふる

❶　すべての野菜に軽く塩（分量外）をまぶし、水分が出て少ししんなりしたら、水けをきる。

漬け汁をつくる

❷　鍋に酒を入れて沸とうさせ、残りの漬け汁の材料をすべて入れてまぜ、再度沸かして火をとめる。

野菜を漬ける・盛りつけ

❸　①を密閉袋に入れ、粗熱を取った②を注ぎ、空気をぬいて封をし、5時間以上おく。
❹　器に盛り、好みで香菜やごま油をかける。

＊冷蔵庫に入れ、4〜5日で食べきる。

4章・季節の野菜をたっぷり漬けて

手軽につくる
1kgの梅干し

2012.6月号

野村紘子

梅雨に入ると、梅しごとの季節です。
青梅が黄色く熟し始めるころ、
梅干しの下漬けにとりかかります。
重石や漬けもの容器は必要ありません。
密閉袋を使うこの方法なら、
初めての方でも気軽に漬けられます。
まず、1kgからつくってみましょう。

■用意するもの

ジッパーつき密閉袋…Lサイズ（27×27cm）
1袋で梅1kg漬けられる。
粗塩…海水を煮つめてつくった粒子が粗いもの。梅にからみやすく梅酢が上がりやすい。
焼酎…アルコール度数35％のもの。殺菌と、梅と塩をなじみやすくする。
梅…香りが強く、黄色く完熟したもの。南高梅が最適だが、他の品種でも完熟ならよく漬かる。青いものは室温に2～3日おいてから漬ける。大きさは1個30g位のものがつくりやすい。

≡ 材料（1単位）≡

梅……………………………………1kg
粗塩………150g（梅の重さの15％）
焼酎………………………………¼カップ

赤じそ……………………………200g
粗塩…40g（赤じその重さの20％）
（白梅酢……………………………½カップ）

読者の声 ジッパーつきの袋でつくるこのレシピを見て、初めて梅干しをつくりました。手軽にできて、以来毎年このつくり方でつくっています。（滋賀）

93

1 下漬け（梅の塩漬け）

❶ 成熟前の黄ばんだ梅を使うので、水にはつけずに直接塩漬けする。梅はきれいに洗って布巾で1つ1つていねいに水けをふき取る。水けが残っているとカビの原因に。

❷ なり口についているへたを、つまようじや竹串などで実を傷つけないように取る。

❸ ガラスかホーローのボウルに、焼酎、塩、梅を入れ、梅に塩を手でやさしくからめる。

❹ 密閉袋に梅を入れ、ボウルに残った塩もきれいに入れ、梅を平らにし、空気をぬいてジッパーを閉じる。袋に、漬けた日づけと、梅と塩の量を書いておくとよい。

❺ 涼しく、目にふれやすい場所におき、1日に数回、表と裏を返し、梅と塩をなじませる。2日目位から水分＝白梅酢が上がってくる。表と裏を返しながら、しっかり白梅酢が上がるまで10日ほどおく。

2 本漬け（赤じそ漬け）

■準備

下漬けの白梅酢がしっかり上がったら、白梅酢½カップを取りおく。

＊残りの白梅酢も取り出し、保存ビンに入れて冷蔵保存。野菜の即席漬けなどに使う。

❶ 赤じそは両面が赤くなった葉を200g摘む（傷んだり色のよくないものは使わない）。

❷ 赤じその葉をボウルに入れ、水を3〜4回取りかえながらよく洗う。

❸ ざるにあげて水けをきったら、タオルなどでよくふく。

4章・季節の野菜をたっぷり漬けて

❹　密閉袋に塩20g（½量）を入れ、赤じその葉を入れて全体にからめ、袋の上からよくもみ（写真上）、葉をきつくしぼり（写真下）、出てきたアクをすてる。残りの塩を加えて同様にもみ、出てきたアクをすてる。

❺　ボウルに赤じそを取り出して葉をほぐし、取りおいた½カップの白梅酢をかけて発色させる。出てきた赤い色の汁を赤梅酢という。

❻　下漬け⑤の梅に赤じそを入れ、赤梅酢も注ぐ。梅雨明けに土用干しをするまで涼しい場所におく。

3 土用干し

梅雨が明けたら、晴天が続く日を見定めて天日干しします。

［1日目］

台の上にざるをのせ、箸で1つ1つくっつかないように梅を並べる。赤じそもかたくしぼり、ほぐして並べて干す。袋に残った赤梅酢も、ボウルに入れて干し、殺菌する（袋は再利用しない）。日当たりがよく風通しのよい場所を選び、日中一度梅を裏返し、むらなく乾かす。夕方ざるにのせたまま室内に取りこむ。

［2日目］

前日と同様に天日干しし、夕方取りこむ。

［3日目］

日中は天日干しし、そのまま夜通し外におき、夜露にあてる。

［4日目］

干し上がった梅は清潔な保存容器に入れる。しっとり仕上げたい場合は、赤梅酢に漬けて保存。

95

《 料理研究家の紹介 》

● 小山瑛子

こやまえいこ・段取り、手早さに定評がある。陶芸家だった義父の小山冨士夫氏と親交の深かった魯山人も家に訪れ、姑とともにもてなし膳をととのえた。

地のものは手をかけすぎず

結婚以来、来客の多い家の台所をあずかる生活で、義母に料理の手ほどきを受けました。明治生まれの義母は、ものの乏しい時代に、同じ食材でも調理に工夫を凝らして家庭料理をこしらえていましたから、私も地のもの、旬のものなどを大切にした食卓を心がけています。新鮮な食材は、手をかけなくても満たされるものです。

● 村岡奈弥

むらおかなや・中医薬膳師・国際中医師。日、仏の調理学校で学ぶ。薬膳を取り入れたつくりやすいレシピ、美しい盛りつけが好評。1女の母。

体が欲する食材を知る

中医学では、すべての食材に効能があり、旬に食べると体調を整えてくれると考えられていますが、食材すべてを理解した上での料理は大変です。忙しい私たちに大切なのは、季節や気候で欲するものを自分の体に耳を傾けて調理すること。何より、料理をする人自身が元気でなければ、おいしいものはつくれないと確信しています。

『婦人之友』誌上レシピ アンケート **読者250人に聞きました！**

この本をつくるにあたり、読者に人気の誌上レシピを知るために、全国友の会（『婦人之友』読者の会）の協力のもと、アンケートを行いました（2018年10月実施）。読者250人から回答があり、6つの質問に寄せられたレシピの数は、のべ1000品以上。上位レシピを紹介します。

Q. 定番になったレシピは？
1位：牛肉とごぼうの当座煮…p48
2位：煮なます…p108
3位：茄子の田舎煮…p67

Q. 急ぐときに助かる時短レシピは？
1位：八宝菜風うま煮…p10
2位：鶏肉とエリンギの蒸し煮…p13
3位：ゆで豚とキャベツ、ピリ辛ソース…p55

Q. 仕こんだら時間まかせのお気にいりレシピは？
1位：野菜たっぷりチキンカレー…p72
2位：塩豚のポトフ…p74
3位：野菜おでん…p76

Q. 季節になるとつくりたくなるレシピは？
1位：大根のざらめ漬け…p88
2位：新生姜の甘酢漬け…p89
3位：ゆでゴーヤの南蛮風…p87

Q. 家族に人気のレシピは？
1位：キャベツたっぷりメンチカツ…p46
2位：クリスピーチキン…p52
3位：ポテトグラタン…p65

Q. 時間をかけてでもつくりたい「腕まくり」レシピは？
1位：吹き寄せおから…p110
2位：鯛めし…p119
3位：豚ヒレ肉のパイ包み…p135

5章

大切にしたい豆・海藻・郷土の常備菜

心の余裕と安心感が生まれる常備菜。
栄養豊富で、日々のおかずには欠かせない豆や海藻などは、
一度につくれば手間は省けて、食卓は豊かに。
お弁当のおかずにも重宝します。

キドニービーンズのマリネサラダ

2014.7月号

門倉多仁亜

わが家の定番の豆サラダ。2〜3日かけて食べることが多いので、2日目、3日目には、アボカド、トマト、ブロッコリー、パセリ、大豆などを加えてアレンジすると飽きません。

≡ 材料（1単位）≡

キドニービーンズ（缶）	約200g
さやいんげん	150g
玉ねぎ	¼個
きゅうり	1本

[マリネ液]

レモン汁	大さじ2
バルサミコ酢	大さじ1
オリーブオイル	大さじ3
塩、胡椒	各少々

野菜の下ごしらえ

❶ さやいんげんは塩ゆでし、さっと冷水にとって色どめし、水けをきって2〜3cm長さに切る。玉ねぎはみじん切りにする。きゅうりは縦4つ割りにして、1.5cm幅に切る。

❷ キドニービーンズは洗って水けをきる。

マリネ液と和える

❸ ボウルにマリネ液の材料を入れてよくまぜ、①、②を入れて和え、器に盛る。

ずいきと油揚げの煮もの

2009.11月号

清水信子

ずいきは里芋の茎の皮をむいて乾燥させたもので、鉄分や食物繊維が豊富です。だしと甘めの醤油味をしみこませた煮ものは、ごはんによく合います。歯ごたえもよい伝統食をぜひ。

≡ 材料（4人分）≡

ずいき（乾）	40g
つきこんにゃく	100g
油揚げ	2枚
だし	約1カップ
砂糖	大さじ3〜3½
酒、みりん	各大さじ2
うす口醤油	大さじ2½〜3
いりごま（白）	適量

材料の下処理

❶ ずいきを洗い、鍋に入れて落としぶたをし、たっぷりの水を入れ、火にかける。煮立ったら2〜3分ゆでて水にとり、水洗いをして軽くしぼる。約4㎝長さに切る。

❷ つきこんにゃくは水からゆで、沸とうして2〜3分したらざるにあげ、冷まして3〜4㎝長さに切る。

❸ 油揚げはキッチンペーパーに包んで、上から押して油ぬきをする。縦半分に切って約7〜8㎜幅に切る。

味を煮ふくませる

❹ 鍋に①〜③を入れてだしをひたひたに加え、落としぶたをして中火にかける。煮立ったら2〜3分煮て、砂糖と酒を入れてさらに4〜5分煮る。みりんとうす口醤油を加え、約10分煮て煮汁がほとんどなくなったら火をとめる。ふたをしてそのまま2〜3分おく。

盛りつけ

❺ 器に盛り、いりごまを指先でひねりながらふる。冷蔵庫で2〜3日もつ。

ひじきのイタリアンマリネ

2013.5月号

舘野鏡子

歯ごたえを残してゆでたひじきの食感と、マリネ液のしみた油揚げがアクセント。
彩りもよく、誰もがもりもり食べるひと品です。

≡ 材料（1単位）≡

- 芽ひじき（乾） ……… 30g
  - 塩 ……… 小さじ1弱
  - 酒、酢 ……… 各大さじ1
- 赤パプリカ ……… 1個
  （5～6mm幅の細切り）
- セロリ ……… 1本
  （7～8mm幅の斜め切り）
- 油揚げ ……… 1枚
- ツナ缶（フレークでないもの）
  ……… 小1缶（70g）
- Ⓐ 玉ねぎ（すりおろし）
  ……… 大さじ1
  - 砂糖 ……… 大さじ1
  - オリーブオイル
    ……… 大さじ1
  - 醤油 ……… 大さじ1
  - レモン汁 ……… 大さじ1
  - 胡椒 ……… 少々

ひじきの下ごしらえ

❶ 芽ひじきは水に20～30分つけてかためにもどし、塩、酒、酢を加えた熱湯2カップで1分ほどゆで、ざるにあげて粗熱をとる。

ひじきは、かためにもどす。ゆでるときに塩味をつけておくのが、おいしさのポイント。

野菜と油揚げに火を通す

❷ 赤パプリカ、セロリは、塩(分量外)を入れた湯で40～50秒ゆで、ざるにあげて冷ます。

❸ 油揚げは熱湯で油ぬきし、縦半分に切ってから1cm幅に切る。

和える

❹ ボウルにⒶを入れてまぜ、③、ツナ（汁ごと）を加えてまぜる。①、②も加えてよく和えて10分ほどおき、味をなじませる。味をみて、足りなければ塩でととのえ、器に盛る。

＊2～3日は、冷蔵保存でおいしくいただける。

牡蠣の佃煮

2011.2月号

小山瑛子

牡蠣の季節に一度はつくる佃煮。ごはんのお供、小鉢のひと品にするほか、炊きこみごはんにしてもおいしく仕上がります。

≡ 材料（1単位）≡

牡蠣（加熱用）……… 300g
Ⓐ 水 ………………… 80ml
　 醤油 ……………… 70ml
　 砂糖 ……………… 大さじ1
　 みりん …………… 小さじ1

❶ 洗って汚れを取りのぞいた牡蠣は熱湯に入れ、1分湯通しして冷水にとる。
＊臭みをとるため。
❷ Ⓐを鍋に入れ、沸とうしたら①を入れる。落としぶたをして、弱火でじっくり30分。ふたを取って煮汁がほとんどなくなるまで、20〜30分ほど煮る。
＊冷蔵庫で1週間もつ。

切り昆布の小梅煮

2011.8月号

松本忠子

"時短"常備菜を覚えておくと、あと1品というときにも便利です。
小梅煮は夏の疲れを回復させ、胃腸もととのえます。

≡ 材料（4人分）≡

日高切り昆布（乾）…… 50g
Ⓐ だし …………… 2カップ
　 酒 ……………… ¼カップ
Ⓑ 小梅 …………… 50g
　 みりん ………… ¼カップ
　 醤油 …………… 大さじ2
　 赤唐辛子 ……… 1本

❶ 切り昆布を水でさっと洗い、ざるに入れて水けをきり、30分以上おく。
❷ ①を鍋に入れ、Ⓐを加えてふたをし、好みのかたさに煮る（10分位）。
❸ ②にⒷをすべて入れ、10分ほどで煮上げる。

切り昆布は、洗ったら水けをよくきっておく。

鰯の梅煮

2014.6月号

成瀬すみれ

初めてこれをつくったときのことは苦い思い出です。娘時代、家族が留守の間に張り切って挑戦したのですが、帰ってくるなりその臭いに仰天した祖母が「誰が魚を煮たの!」と駆けこんできて……。頭も内臓も取らずに煮てしまい、生臭くてとても食べられないものになっていたのです。鰯は「七度洗えば鯛の味」とも言われ、しっかり血を洗い流して臭みを取ることがポイントです。

結婚後、夏になると訪れていた夫の実家鳥取では、毎朝とれたての魚が手に入ります。新鮮な朝はお刺身、昼は焼いて、鮮度の落ちる夜は煮て、と調理法を変えながら堪能しました。

鰯の梅煮は、鳥取でも、京都の実家でもよく食卓に上ったものです。同じ料理でも、鳥取の義母と叔母、京都の祖母と母、つくる人によって少しずつ違う味わいの中から、やがて「自分の味」が生まれてきました。保存食や常備菜は、引き継がれるうちに変化していくおもしろさがあり、若いときにはなかった自分流の味を出し、楽しめるようになることが、年齢を重ねる醍醐味だと感じています。

写真のように、尾の曲がった鰯は新鮮な証拠。この梅煮は少量の酢を入れて、骨までやわらかくします。3〜4日ほど保存できます。アンチョビの代わりとしてパスタにからめ、バジルとオリーブオイルをかけていただくのも、意外なおいしさです。

≡ 材料（1単位）≡

かたくち鰯	20本
（真鰯6〜7本）	
酒	¼カップ
酢	大さじ1
梅干し	1個
生姜（せん切り）	20g
砂糖	大さじ3
みりん	大さじ1
醤油	大さじ4

鰯の下処理

❶ 鰯は、頭と内臓を手で取りのぞき、ていねいに洗う。

梅干しと生姜を加えて煮る

❷ 鍋に鰯をひと並べして、酒、酢、ちぎった梅干し、生姜を入れ、水をひたひたまで加えて、弱火で15分ほど煮る。皮を傷つけないように気をつけながら、アクを取る。

❸ 砂糖、みりん、醤油を加えて、アルミホイルを落としぶた代わりにし（落としぶたを使うと皮がはがれてしまうため）、煮汁がなくなるまでゆっくり弱火で煮る。煮汁が少なくなったら、スプーンなどでこまめに魚の上にかけて照りを出す。

5章・大切にしたい 豆・海藻・郷土の常備菜

豚味噌

2014.7月号

門倉多仁亜

　結婚後まもなく、夫の留学のために夫婦でイギリスへ渡りました。そこで夫が初めてつくってくれたのが、この豚味噌でした。豚味噌は、夫の故郷である鹿児島の常備菜です。子どものころから、なじみ深い料理だったのでしょう。ごはんと一緒にサンチュで巻くという食べ方も、そのときに教えてくれました。

　味噌は、外国人にも好まれる味です。家に人を招いて手巻き寿司をするときなど、これを出すととても喜ばれました。私の祖父母が暮らしていたドイツでもよくつくりましたが、食の好みがはっきりしているドイツ人の中には砂糖を控える人も多かったので、代わりにはちみつやメープルシロップなどを使っていました。

　このレシピの材料は一番シンプルなものですが、鹿児島では、ごまやかつお節を加えるなど、家庭やつくる人によって変わります。豚挽き肉は、豚バラ肉を刻んだものに代えても。ポイントは、玉ねぎをあめ色になるまでよく炒めて、甘みを出すこと。麦味噌とざらめを使っているので、マイルドな味わいになります。野菜スティックにつけて食べてもよいでしょう。ごはんもすすみ、野菜もたくさんとれるので、ぜひ常備菜に。

材料（1単位）

豚挽き肉	200g
玉ねぎ	中1個
生姜	1片
サラダ油	少々
麦味噌	大さじ3
ざらめ	大さじ3
サンチュ	適量

材料を炒める

❶　フライパンにサラダ油を熱し、みじん切りにした玉ねぎと生姜を入れ、あめ色になるまで炒める。豚肉を加え、色が変わるまでさらに炒める。水分が出るようなら、煮つめる。

味噌とざらめをからめる

❷　フライパンのあいたところに味噌とざらめを入れ、味噌を少し焦がすようにする。味噌とざらめがとけてきたら、肉とからめる。

＊サンチュに豚味噌をのせ、巻いていただく。ごはんにのせてもよい。
＊冷蔵庫で2〜3日もつ。

5章・大切にしたい 豆・海藻・郷土の常備菜

生姜の佃煮

2014.11月号

渡辺あきこ

　近所に1人で暮らす80代の母は、日々の食事を自分でつくっています。キャベツを丸ごと使う野菜スープや、のっぺい汁などの具だくさんの汁ものと、冷蔵庫に用意してあるいくつかの常備菜で、元気に暮らしています。生姜の佃煮は、私が娘のころからつくり続けているもののひとつで、私も家族も大好きな母の味です。

　熱帯アジア原産の生姜は、インドでは紀元前300〜500年にはすでに保存食や薬用として使われていたという、歴史の古い香辛料です。日本には中国を経由して3世紀ごろに渡来したとされています。

　生姜がたくさん手に入ったときや、余りそうなときは、日もちのする佃煮に。調理時間は15分ほどなので、気軽に取りかかれます。

　ポイントは、せん切りを細くすること。細い方がおいしくできます。牛肉のしぐれ煮に加えたり、おむすびの具や、お弁当にもよいでしょう。冷蔵庫で1週間ほど保存できます。

　わが家では、レバーの佃煮や、のりの佃煮も定番です。手づくりのものは、やはり市販品とは違うおいしさが味わえます。体を温める生姜、寒い季節にぜひたくさんとりたいですね。

密閉容器に入れて保存。

≡ 材料（1単位）≡

生姜	200g
かつお節	10g
Ⓐ みりん	大さじ4
醤油	大さじ4
砂糖	大さじ2
水	1カップ

生姜をていねいに切る

❶　生姜は皮をむき、繊維にそって3〜4cm長さのせん切りにし、水に5分ほどさらし、水けをきる。かつお節は、細かくちぎる（長いと食べにくいので、1cmほどに）。

汁けがなくなるまで煮つめる

❷　鍋にⒶの調味料を合わせ、生姜とかつお節を入れてまぜる。中火にかけ、煮立ったらふたをして弱火にし、10分ほど煮る。ふたを取り、まぜながら、汁がなくなるまで煮る。

5章・大切にしたい 豆・海藻・郷土の常備菜

読者の声 誌上に載ったときから月1、2度はつくり続けています。多めにつくり小分けして冷凍。2人の娘も大好きで帰省の際に必ず持ち帰ります。(神奈川・80代)

煮なます

2015.9月号

本谷惠津子

　19、20歳のころ、家庭料理を体系化し、基礎を築いたといわれる沢崎梅子先生の「娘のための基礎料理教室」に通い、学んだひと品。

　その後、姑となった本谷滋子さんは、当時はまだ弟子で、梅子先生の割烹着の背中の紐を結ぶ姿が、懐かしく思い出されます。

　結婚して、何十年もつくり続けている煮なますの調味料の割合は「酢3：醤油2：酒1：砂糖1」。

　南蛮漬けのかけ汁としても便利な味つけです。加熱しないなますほど酢が強くないので、もりもり食べられるわが家の定番。多めにつくったつもりでも、気がつくとなくなっているほどです。忙しいときでも、これさえあれば、野菜がたくさん食べられ、手早く夕食がととのう「安心のおかず」でもあります。

　また、野菜の洗い方、刻み方、炒める順序なども、このひと品で学びました。野菜のせん切りが手間のようですが、歯ごたえと味わいでは、ほかの切り方に勝るものはありません。

読者の声　細く細く、ていねいに野菜を切って炒めるとおいしく仕上がる。たっぷりの野菜がとれて、保存もきき、酢の味がうれしい。(東京・40代)

5章・大切にしたい 豆・海藻・郷土の常備菜

≡ 材料（1単位）≡

ごぼう、れんこん、人参	各100g
しらたき	200g
干し椎茸	4枚
油揚げ	1枚
さやえんどう	30g
サラダ油	大さじ1〜2
酢	大さじ3
醤油	大さじ2
酒	大さじ1
砂糖	大さじ1

＊調味料は3：2：1：1の割合で

椎茸のもどし汁……¼カップ

材料の下ごしらえ

❶　ごぼうは皮を包丁の背でこそげ、3cm長さのせん切り、れんこんは皮をむき、半月または4つ割りにして薄切りにし、水に放す。人参は3cm長さのせん切り、しらたきは熱湯を通して適当な長さに切る。干し椎茸は水でもどし、石づきを取ってせん切り、油揚げは熱湯を通して縦半分にし、細切り。さやえんどうは筋を取ってゆで、せん切り。

根菜から順に炒める

❷　鍋にサラダ油を熱し、ごぼうを入れてしんなりして香りが立つまで炒める。

❸　れんこん、人参を加えてさらに炒める。

調味して煮る

❹　しらたき、椎茸、油揚げの順に次々入れて炒め、全体に油がまわったら、砂糖、醤油、酒、椎茸のもどし汁を加え、ゆっくり煮る。

❺　全体がしんなりしたら、鍋肌から酢をまわし入れ、よくまぜて火をとめ、ふたをして冷めるまで蒸らす。

仕上げ

❻　さやえんどうをちらしてひとまぜし、器に盛る。

＊冷蔵庫で3〜4日もつ。

吹き寄せおから

2015.10月号

松本忠子

　おからが具だくさんのおかずにも、ごちそうにもなる、わが家の"吹き寄せおから"をご紹介しましょう。

　3人の子どもたちを育てていたころは、豆腐屋さんの店先で湯気の上がっているおからを、安くどっさり手に入れて、具だくさんの"おかずおから"をくり返しつくったものです。最近では、温かいおからを気軽に買うことが難しくなりましたが、栄養があって経済的なことは、変わりません。

　このレシピは、あらかじめおからを、油でていねいにさらさらに炒めるので、コクが出ます。このひと手間で、おからの印象が変わるほど、深みのある味わいになりますから、手間を惜しまずにつくってください。

　味つけは、主菜の味を引き立てるよう、控えめに。また、魚の煮つけや、海老の養老煮の煮汁を使うなど、応用してもよいでしょう。冬にはゆり根や銀杏、さつま芋などを加えて。いかや海老を入れれば、ちょっとしたごちそうにもなります。

読者の声 おからにひと手間かけるとこんなにおいしくなることに驚きました。上品な味つけで、かかせない常備菜になりました。（岐阜・60代）

材料（4人分）

おから	250g	Ⓐ だし	1カップ
鶏もも肉	200g	酒、みりん	各大さじ3
こんにゃく	½枚	砂糖	大さじ2
干し椎茸（水でもどす）	3枚	うす口醤油	大さじ1
ごぼう、人参	各50g	塩	小さじ1
油揚げ	1枚		
ちくわ（細いもの）	3本	万能ねぎ	適量
長ねぎ	1本		
サラダ油	大さじ5		

材料の下ごしらえ

❶ 厚手の鍋にサラダ油大さじ3を熱し、おからを入れてさらさらになるまでよく炒め、バットに移す。

❷ 鶏肉は1.5cmの角切り、こんにゃくはゆでて水にさらし、1cmほどの色紙切りにする。椎茸は軸をとり、2等分して薄切り。ごぼう、人参は輪切りまたはいちょう切り。油揚げは、縦半分にして5mm幅の細切り。ちくわは薄い輪切りにする。長ねぎは小口切りにする。

火が通りにくいものから炒める

❸ 鍋にサラダ油大さじ2を熱し、鶏肉、こんにゃく、椎茸、ごぼうを炒める。油がなじんだら、人参、油揚げ、ちくわを加え、最後に長ねぎを入れて炒める。

❹ よくまぜ合わせたⒶを入れ、❶も加えてさらに炒める。

盛りつけ

❺ 器に盛り、好みで万能ねぎの小口切りをのせる。

＊冷蔵庫で3〜4日もつ。

《 料理研究家の紹介 》

● 清水信子

しみずしんこ・旬の素材を使った家庭の惣菜、郷土料理などを幅広く伝える。基本を大切にした調理法と確実な味、ていねいな指導が人気。

受け継ぎたい伝統食や行事食

家庭の食卓の大切さとともに、伝統食や四季折々の祝いごとも家庭の中で受け継がれることを願っています。そこにこめられた思いもふくめて、子どもたちには味わってほしいと思います。

しかし、つくりやすくなくては受け継がれてはいきません。食材も気候風土も少しずつ変化していますから、どうしても伝えたいことを織り交ぜながら、レシピの研究を重ねています。

● 松本忠子

まつもとあつこ・郷土料理の造詣が深く、確かな味と技、華やぎのある家庭料理を伝える。器選びや、盛りつけにも定評がある。

家族を思う気持ちをこめて

家庭を持ち、3人の子どもを育て、日々の料理をつくり続けて60年近くが経ちました。まだ若いころ、料理写真家の先駆者、故佐伯義勝氏に、「家庭料理の原点のような料理をつくられる」とおっしゃっていただいたことを、心にとどめてきました。

毎日の食事づくりは、家族を思う気持ちをこめて。手がこんでいなくてかまわないので、わが家の味をつくり続けていきましょう。

和食はだしが決め手

> おいしいだしをひきましょう

料理をつくる上で、味のベースになるのがだし。基本的には、肉や魚を煮るときには昆布だし（または水）を使い、野菜を煮るときにはかつお節や煮干しのだしを使います。まずは基本の材料で和風だしをひき、マスターしたら地域の素材を使って、わが家の味を広げてください。

◎昆布とかつおのだし（基本のだし）

【材料】
昆布…10g　かつお節の厚けずり…20g
水…5カップ

【つくり方】
❶ 鍋にすべての材料を入れて約10分おく。
❷ ①をほたる火にかけ、30分ほどかけてゆっくりと煮る。
❸ 昆布とかつお節を引き上げる。
＊製氷皿に注いで冷凍も可。

◎昆布だし（水で取るだし）

【材料】
昆布…10〜15g
水…3カップ

【つくり方】
❶ ビンに材料を入れる。冷蔵庫にひと晩（約6時間）おく。
❷ 昆布を取り出す。
＊2〜3倍量でつくってもよい。その場合は2〜3日で使いきる。

6章 レパートリー広がる 米・麺・汁もの

旬の素材を活かしたまぜごはんやおすし、汁もの、
手早い麺料理など、新しい味が広がると、食卓に変化と楽しさが生まれます。
休日のランチやお弁当にもどうぞ。

おすし2種（いなりずし、かんぴょう巻き）

2018.4月号

柳原一成

味がはっきりしていることが、いなりずしのおいしさの秘訣。こっくりと甘い味が口の中にふくよかに広がります。いなりずしとかんぴょう巻きが、同時に仕上がるすし飯の分量です。

◎基本のすし飯

≡ 材料 ≡
いなりずし20個（500g）
＋
かんぴょう巻き4本分（280g）

米 ……………… 2½合
水… 米と同量（目盛に従う）

[打ち酢]
米酢 …………… 50ml
砂糖 …………… 大さじ1½
塩 ……………… 小さじ1½

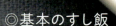

すし飯をつくる

米は「すし」の目盛りの水加減で炊き上げ、10分ほど蒸らして飯台にあけ、合わせた打ち酢を全体にまわしかけ、木杓子で切るように手早くまぜ、うちわであおいで冷ます。かんぴょう巻き用（1本70g × 4本分＝280g）を取りおき、残りのすし飯にいりごま（小さじ2）をふる。

◎いなりずし

材料（20個分）

すし飯（左ページ） ……… 500g
＊いりごま小さじ2をまぜたもの
油揚げ ………………… 10枚

Ⓐ だし ……………… 1カップ
　砂糖 ……………… 60g
　花見糖（きび砂糖） …… 40g
　醤油 ……………… 大さじ2½

Ⓑ 花見糖・みりん…各大さじ1

れんこん（細めのもの） …… 70g

[甘酢]
酢 ………………… 大さじ3
砂糖 ……………… 大さじ1½
塩 ………………… 小さじ⅛

甘酢れんこんをつくる

❶　れんこんは皮をむいてごく薄切りにし（太い場合はいちょう切り）、一度ゆでてから甘酢につける。

油揚げを煮る

❷　油揚げは横2つに切ってやぶらないように開き、たっぷりの熱湯で4〜5分、落としぶたをしてゆで、盆ざるにあげて湯をきる。

❸　Ⓐを合わせて火にかけ、②を入れ、落としぶたをして中火で煮ふくめる。汁が半量になったらⒷを追い入れ、2分ほど煮て火をとめ、冷めるまでおいて盆ざるにあげる。

具材とすし飯をつめる

❹　③（煮汁はしぼらない）に①を少々、ひと握りのすし飯（25g）を軽くつめ、切り口をきちんとたたみ、たたんだ側を下にして並べる。

◎かんぴょう巻き

材料（4本分）

すし飯（左ページ） ……… 280g
かんぴょう …… 3本（約30g）
塩 ………………… 小さじ1

Ⓐ だし ……………… ½カップ
　砂糖 ……………… 大さじ3
　醤油 ……………… 大さじ2弱
　みりん …………… 大さじ1

焼き海苔（全型）………… 2枚
生姜甘酢漬け ………… 適量

＊かんぴょうは、産地や種類によってかたさが異なる。下ゆで時間で調整を。煮たあとは半日ほどおくと、きれいな色が入る

かんぴょうを煮る

❶　かんぴょうは洗って水けをしぼり、塩をまぶして15分ほどおき、塩を洗い流して5〜6分ゆでる。水けを軽くしぼってⒶに入れ、落としぶたをして、弱火で味をふくめる。

巻く

❷　横2等分に切った焼き海苔を巻き簾の上におき、向こう側1cmほど残して約70gのすし飯を広げ、手前から1cmほどのところにかんぴょうを2往復半、たたんでおく。

❸　巻き簾を手前から持ち上げ、かんぴょうを指で押さえながら巻き、手前の海苔を向こう側のすし飯の端に合わせて巻きこみ、巻き簾の上から軽く押さえて形を整える。

切る

❹　包丁を酢水で軽く湿らせ、1本を6等分に切る。いなりずしとともに器に盛り、生姜甘酢漬けを添える。

牛しぐれの太巻き

2014.9月号

石原洋子

海鮮ではなく、こっくりとした味の牛しぐれ煮の太巻きです。火が通っている具材なので、お弁当にも向きます。

≡ 材料（3本分）≡

[すし飯]
米 ……………………… 3合
水 ……………………… 3合

[合わせ酢]
酢 …………………… 大さじ5
砂糖 ………………… 大さじ3
塩 …………………… 小さじ2

焼き海苔（全型）…… 3枚

[牛肉のしぐれ煮]
牛肉（切り落とし）… 100g
生姜（せん切り）…… ½片

Ⓐ 酒、砂糖、醤油
　　　　 …… 各小さじ2

[厚焼き卵]
卵 …………………… 4個

Ⓑ 酒 ………………… 大さじ1
　 砂糖 ……………… 大さじ1½
　 醤油 ……………… 小さじ1
　 塩 ………………… 少々

サラダ油 …………… 適量

ほうれん草 ………… 100g
塩 …………………… 少々

下準備

❶ 米はといで、分量の水に30分ほどひたし、普通に炊く。合わせ酢の調味料をまぜておく。

具材をつくる

❷ 牛肉は細切りにする。鍋にⒶを入れて煮立て、牛肉と生姜を加え、ほぐしながら煮汁がなくなるまで炒りつける。

❸ ボウルに卵を割りほぐし、Ⓑを加えてまぜる。卵焼き器を弱めの中火で熱し、サラダ油少々を入れてなじませる。卵液¼量を流し、箸でつついて空気を抜き、表面が乾き始めたら手前に巻く。向こう側へ滑らせ、卵液がなくなるまでくり返して焼き上げ、粗熱を取って2cm角の棒状に切る。

❹ ほうれん草は塩湯でゆで、冷水で冷まし、水けをしぼる。塩少々をふって3等分にする。

すし飯をつくる

❺ 炊き上がったごはんを飯台にあけ、合わせ酢をまわしかけてまぜ、3等分（300g）にする。

巻く・切る

❻ 巻き簾の上に海苔をのせ、⑤を海苔の向こう側3cmほどを残して広げ、中央を少しくぼませて②、③、④を順にのせ、巻き簾ごと一気に巻きこむ。形を整えてから8等分に切る。

キャベツカレー

2008.6月号

村岡奈弥

食欲が落ちたときは、
カレー粉をはじめ香辛料を
取り合わせてつくる
さらりとしたカレーがおすすめです。
胃腸が疲れている、イライラする、
体が熱いなどのときは、
辛味を控えめにするのがよいでしょう。

≡ 材料（4人分）≡

鶏挽き肉	200g
キャベツ	½個
玉ねぎ（みじん切り）	大2個分
サラダ油	大さじ1
コリアンダーシード（粉）	小さじ1 ½
クミンシード（粉）	小さじ1 ½
カレー粉	大さじ1 ⅓
トマト（小）	3個
水	150ml
固形スープの素	½個
塩	小さじ1 ½
ごはん	適量

野菜を切る

❶ キャベツは8等分のくし切りにする。トマトは粗みじん切りにする。

玉ねぎと挽き肉を炒める

❷ 鍋にサラダ油を熱し、玉ねぎのみじん切りを弱火でじっくり炒める。

❸ 玉ねぎに少し色がつき、甘い香りが出てきたら、挽き肉を加えて、炒める。コリアンダーシード、クミンシード、カレー粉の順に加え、さらに炒める。

トマトとキャベツを加えて煮こむ

❹ ③にトマト、水とスープの素を加え、まぜながらのばす。キャベツを入れてふたをし、やわらかくなるまで弱火で煮こみ、塩で味をととのえる。ごはんとともに器に盛る。

読者の声 玉ねぎのみじん切りはフードプロセッサーに任せます。火の通りの早い食材ばかりで、短時間でできます。スパイスの香りが立ちこめると元気が出てきて、食欲もわくので、台所に立ちたくない日にもおすすめです。（埼玉・40代）

筍と鶏肉のまぜごはん

2009.4月号

石原洋子

春になると一度はいただきたい筍ごはん。手軽にできるまぜごはんにしました。
筍は、厚さをそろえて切り、鶏肉とともに、しっかりした甘辛味に煮ます。

≡ 材料（4人分）≡

米	2合
水	2.4合
ゆで筍	200g
鶏もも肉	150g
サラダ油	小さじ2
Ⓐ 酒	大さじ1½
みりん	大さじ1½
醤油	大さじ1½
砂糖	小さじ1
塩	小さじ½
木の芽	適量

ごはんを炊く

❶ 米はといで30分ほどおき、分量の水を入れて普通に炊く。

具をつくる

❷ 筍の穂先は3cm長さ、2mm厚さの薄切りに、下の方は2〜3mm厚さのいちょう切りにする。

❸ 鶏もも肉は1.5cm角に切る。

❹ 鍋にサラダ油を熱し、③を入れて炒め、色が変わったら②を入れ、全体に油がまわるまで炒める。Ⓐの調味料を順番に入れ、落としぶたをして2〜3分ときどき上下を返しながら、煮汁がほとんどなくなるまで煮る。

ごはんに具をまぜる

❺ 炊き上がったごはんに④を入れてさっくりまぜ、塩で味をととのえる。器に盛って木の芽を飾る。

◎筍のゆで方

【材料】

筍…1本（約800g）　糠…½カップ
赤唐辛子…1本

【つくり方】

❶ 筍は根元のかたいところを切り落として、穂先を斜めに切る。皮に縦に浅く1本、包丁目を入れる。

❷ 鍋に筍と、かぶるくらいの水、糠、赤唐辛子を入れる。

❸ 強火にかけ、煮立ったら火を弱め、落としぶたをしてやわらかくなるまでゆでる（1〜2時間）。根元に竹串をさして、すっと通ればよい。そのままおいて粗熱をとる。

❹ 水にとって糠を洗い、皮をむく。

＊保存する場合は、きれいな水につけて冷蔵庫で。

6章・レパートリー広がる 米・麺・汁もの

鯛めし

2013.4月号

堀口すみれ子

春が旬の真鯛を使って、土鍋で炊く鯛めし。
尾頭も一緒に炊きこむと、味がしっかりと出ます。
祝い膳の主役にも。

材料（4〜5人分）

真鯛（尾頭つき）	半身
＊切り身（骨つき）の場合は2〜3切れ	
塩	適量
米	3合
水またはだし	3.5合
うす口醤油	大さじ3
酒	大さじ3
針生姜	適量
木の芽	適量

鯛を焼く

❶ 鯛はうろこを落とし、2つに切って強めに塩をふり、2つに割った頭とともに焼く。

鯛をのせてごはんを炊く

❷ 米はといで土鍋に入れ、水（だし）、うす口醤油、酒、針生姜を加え、①をのせて（写真）中火にかける。ふいてきたら弱火にして15分、最後にひと呼吸強火にしてから火をとめ、15分蒸らす。

頭や骨も一緒に炊く。炊き上がったら、骨、皮などがまざらないように、ていねいに取りのぞく。

ほぐした鯛をごはんにまぜる

❸ 蒸し上がったら、鯛をバットなどに取り出して、皮と骨をていねいに取りのぞき、身だけをほぐしてごはんとよくまぜ合わせる。おいしくいただくためには、ここで小骨まで残さずにのぞく。

❹ 木の芽を彩りよく飾る。

椎茸とハムのクリームパスタ

2017.10月号

門倉多仁亜

子どものころ、母が忙しい日の夕食によく登場したパスタ。きのこが苦手だった私はがっかりでしたが、おとなになり、きのこが好物になるとよくつくるように。
働く母にとっての"手ぬき"料理が、思いのほか本格的な味わいだったことに驚いています。

≡ 材料（4人分）≡

- ショートパスタ（フジッリ、マカロニなど）…… 250〜300g
- 生椎茸 …………………… 8枚
- ボンレスハム（スライス）…………………… 100g
- バター …………… 20〜30g
- 生クリーム …………… 400ml
- 塩、胡椒 ……………… 各適量
- パルメザンチーズ … 大さじ4
- パセリ（みじん切り）…… 適量

材料を切る

❶ 生椎茸は石づきを取り、5mm幅にスライスする。ハムは7〜8mm幅の短冊切りにする。

クリームソースをつくる

❷ フライパンにバターをとかし、生椎茸を炒める。しんなりしてきたら、ハムと生クリームを加え、しっかりとろみがつくまで5〜8分ほど煮つめ、塩、胡椒で味をととのえる。

パスタをゆでてソースと合わせる

❸ 沸とうした湯に塩を入れ、パスタを入れて表示時間より1分ほど短くゆで、水けをきって②にからめる。パルメザンチーズをふってまぜる（ソースがかためな場合はゆで汁を少し加える）。
❹ 器に③を盛りつけ、パセリとチーズ（分量外）をちらす。

トマト冷麺

2017.7月号

石原洋子

専用の麺つゆがなくても、さわやかなトマトに、黒酢と豆板醤を合わせれば、甘酸っぱくピリ辛な冷麺のできあがりです。

≡ 材料（4人分）≡

- 中華麺（生）……………4玉
- きゅうり…………………1本
- ハム………………………50g

[トマトだれ]
- トマト……………3個（450g）
- 砂糖、醤油、黒酢……各大さじ2
- ごま油……………………小さじ2
- 豆板醤……………小さじ½〜1
- 塩…………………………小さじ1 ½
- Ⓐ 長ねぎ（みじん切り）
  　　……………………大さじ2
  　生姜（みじん切り）…大さじ½
  　搾菜（みじん切り）…大さじ1

トマトだれをつくって冷やす

❶ トマトは熱湯につけ、冷水に取って皮をむき、みじん切りにして、出てきた水分も一緒にボウルに入れて冷蔵庫で冷やす。調味料をまぜて冷やし、食べる直前にトマトと合わせる。Ⓐを用意する。

❷ きゅうりは1cm角、ハムは1cmの色紙に切る。

麺をゆでる

❸ たっぷりの沸とうした湯に麺をほぐし入れ、表示通りにゆでてざるに上げ、冷水でもみ洗いし、氷水でしめ、水けをよくきる。

盛りつけ

❹ 器に③を盛り、トマトだれをたっぷりかけ、Ⓐの薬味をふり、上に②をのせる。

人参のポタージュ

2013.10月号

加藤真夢

人参そのものの味わいを楽しむポタージュ。
米を少し入れることでとろみが出て、
やさしいのどごしにホッと落ちつきます。

≡ 材料（4人分）≡

人参（薄切り）
　………… 2～3本（約300g）
玉ねぎ（薄切り）……… 中1個
バター ……………………… 10g
米 ………………… 大さじ1強
水 ………………… 2 ½カップ
固形スープの素 … 1 ½～2個
牛乳 ………………… ½カップ
塩、胡椒 ………………… 各少々

パセリ（みじん切り）…… 適量

材料を炒めてやわらかく煮る

❶ 厚手鍋にバターをとかし、玉ねぎをしっとりするまで炒め、人参も加えて炒める。米も加え、米がすき通るまで炒める。そこに、水とスープの素を加えて人参がやわらかくなるまで煮る。

ミキサーにかけて仕上げる

❷ 粗熱がとれたらミキサーにかける。
❸ ②を鍋にもどし入れ、牛乳を加えて火にかける。味をみて、足りなければ塩、胡椒を加える。
❹ 熱々をスープカップに注ぎ、パセリをちらす。

6章・レパートリー広がる 米・麺・汁もの

ガスパチョ

2013.6月号

丸山久美

≡ 材料（4人分）≡

トマト（ざく切り） ………… 500g
きゅうり（皮をむいてざく切り）… 1本
ピーマン（種をとってざく切り）… 1個
玉ねぎ（ざく切り） ………… 1/4個
食パン（8枚切り・耳なし）…… 1枚
水 …………………………… 150ml
オリーブオイル …………… 大さじ3
白ワインビネガー ………… 大さじ2
（あればシェリービネガー）
塩 ………………………… 小さじ1/4
好みでにんにく（すりおろす）… 極少量

トッピング
ゆで卵、きゅうり、トマト、玉ねぎ、食パンなどを好みで各適量。すべて小さな角切り

ガスパチョは昔、南部アンダルシア地方の農家の人たちが水筒に入れて持ち歩き、仕事の合間に飲んでいたもので、真夏の炎天下での栄養補給として、欠かせない飲みものだったといいます。たっぷりつくり、冷やして召し上がってください。

材料をミキサーにかける

❶ 食パンは分量の水にひたしておく。
❷ かるくしぼった①と野菜類すべてをミキサーにかける。

味をととのえる

❸ ②にオリーブオイルを少しずつ入れ、さらに撹拌する。ワインビネガーを加え、塩で味をととのえて、冷蔵庫で冷やす。

盛りつけ

❹ 器によそい、トッピングの材料を添え、好みのものを各自のせていただく。

沢煮椀

2013.4月号

堀口すみれ子

具となる野菜は、さっとゆでるか
生のままお椀に入れ、
シャキシャキ感を楽しみます。
せん切りをごく細く、
ていねいにすることが、味の決め手。
豚の背脂の代わりにベーコンを
使います。大きめのお椀で、
召し上がってください。

≡ 材料（4人分）≡

新人参	1本 (80g)
セロリ	1本
新ごぼう	1本 (100g)
生椎茸	4〜5枚
さやえんどう	約10枚
ミニトマト	4個
ベーコン	60〜80g

[吸い地]

だし	3カップ
塩	小さじ½
うす口醤油	小さじ1
酒	小さじ1½
胡椒	適量

吸い地をつくる

❶ 鍋に吸い地を合わせてひと煮立ちさせる。

具をつくる

❷ 新人参は3cm長さに切り、桂むきにしてせん切り、セロリは皮をむいてせん切りにする。新ごぼうはささがきにしてさっとゆでる。生椎茸は石づきを取り、厚みを半分にしてせん切りにし、さっとゆでる。さやえんどうは筋を取ってせん切りにし、さっとゆでる。ミニトマトは皮を湯むきし、少量の吸い地につけておく。ベーコンはせん切りにしてさっとゆでる。

盛りつけ

❸ 椀に②を盛り、熱い吸い地をはり、吸い口に胡椒をふる。

＊祝い膳で汁ものの吸い口に使う胡椒は、祝粉(いわいこ)と呼ばれる。

きのこけんちん汁

2015.10月号

松本忠子

たっぷりのきのこに、
鶏肉と豆腐を合わせた、
ボリュームたっぷりのおかず汁。
ごはんがよりおいしく
いただけます。

材料の下準備

❶ きくらげはもどして5mm幅に切る。生椎茸は軸を切り落として薄切り。しめじ、舞茸は石づきを切り、ほぐしておく。えのき茸は石づきを落として長さを半分にし、ほぐしておく。鶏肉は1cm強の角切りにする。豆腐は水けをよくきっておく。

炒める

❷ 鍋にサラダ油(ごま油と半々でも)を熱し、①を入れて炒める。油がなじんだら、豆腐をくずしながら加え、さらによく炒める。

だしを入れてひと煮する

❸ ②にだしを入れ、ひと煮立ちさせたらⒶを加えて味をととのえ、水どき片栗粉でとじる。

盛りつけ

❹ 熱々を椀によそい、万能ねぎをのせる。

≡ 材料（4人分）≡

生椎茸 ………… 4〜5枚	だし ………… 6カップ
しめじ、舞茸 ………… 各1パック	Ⓐ 酒 ………… ¼カップ
えのき茸 …… 小1パック	醤油 ……… 大さじ4
きくらげ(乾) ……… 6g	塩 ………… 小さじ1
鶏もも肉 ………… 100g	水どき片栗粉 …… 適量
豆腐 …… 1丁(300g)	サラダ油 …… 大さじ2
万能ねぎ ……… 適量	
(斜めせん切り)	

ドイツ風具だくさんスープ
（アイントプフ）

2017.10月号

門倉多仁亜

ドイツの定番スープ。アイントプフとは「ひとつの鍋」という意味です。
根菜と香り野菜を具に、味の出るベーコンや豚バラ肉を合わせます。
うまみの出る昆布だしをベースにしたところ、まろやかな洋風スープに。
ドイツでは、家庭に常備されるソーセージを輪切りにして、入れることもあります。

≡ 材料（4〜6人分）≡

玉ねぎ（5mm角に切る）	1個
人参（5mm角に切る）	1本
セロリ（5mm角に切る・葉は取りおく）	1本
ベーコン（ブロック・5mm角に切る）	80g
生椎茸（1cm角に切る）	3〜4枚
大根、かぼちゃ（1cm角に切る）	各80g
里芋（1cm角に切って水につける）	2〜3個
ゆで大豆（洗って水きり）	1パック（100g）
オリーブオイル	少々
昆布だし	800ml
ベイリーフ	1枚
タイム	2〜3本
パセリ（みじん切り、茎は取りおく）	適量
塩、胡椒	各適量

[つけ合わせ]
好みのライ麦パン、バター ・・・・・・ 適量

材料を炒める

❶ 鍋にオリーブオイルを熱し、弱火でベーコンを炒め、脂を出す。玉ねぎ、人参、セロリを入れてしんなりするまで弱火で炒め、途中で生椎茸、大根、かぼちゃも加えてじっくり炒める。

煮る

❷ 野菜がしんなりして、玉ねぎが色づいてきたら昆布だしを入れ、里芋、大豆、ハーブ類（ベイリーフ、タイム、パセリの茎、セロリの葉）も加え、沸とうしたら弱火にして、野菜がやわらかくなるまで煮る。ハーブ類を取り出し、塩、胡椒で味をととのえる。

盛りつけ

❸ 器に盛り、パセリをちらす。バターをたっぷりぬったライ麦パンを添える。

芽ひじきとなめこのスープ

2016.9月号

岡田めぐみ

扱いやすい芽ひじきをさっと炒め、磯の香り広がるスープに。なめこがしぜんなとろみになり、よりまろやかな口あたりです。栄養のバランスがよく、どんなお料理にも合います。

材料（4～5人分）

- 芽ひじき（乾） …… 15g
- なめこ …… 1袋（約100g）
- 卵 …… 2個
  - 塩、ごま油 …… 各少々
- ごま油 …… 大さじ1½
- 万能ねぎ（小口切り） …… 適量

[スープ]
- 鶏がらスープ …… 5カップ
- 酒 …… 大さじ2
- 醤油 …… 小さじ1
- 塩 …… 小さじ1弱
- 片栗粉 …… 小さじ2
- 水 …… 大さじ1

下準備

❶ ひじきは洗ってもどし、ざるにあけておく。なめこはよく洗っておく。
❷ 卵は割りほぐし、塩、ごま油をまぜる。

材料を炒め煮する

❸ 鍋にごま油を入れてひじきを炒め、全体に油がまわったら鶏がらスープを入れ、味をみながら、酒、醤油、塩を入れ、なめこも加え、10分ほど煮こむ。
❹ 片栗粉を水でとき、スープの沸とうしたところに流し入れて、よくまぜる。
❺ 再沸とうしたら、②を静かに流し入れて火をとめる。

盛りつけ

❻ 器に盛り、万能ねぎをちらす。

《 料理研究家の紹介 》

● 柳原一成
やなぎはらかずなり・近茶流宗家。「柳原料理教室」で日本料理を長男尚之氏と指導。全国の食材の研究を続け、日本の食の歴史や歳時記など食文化の造詣も深い。

江戸の味を今に伝える
現代の和食の基本は、江戸時代の味です。たとえば、鮨の原型は関西の甘いものでしたが、江戸で生魚を使うようになり、わさびが加わり、醤油をつける、そのような変化で今の"すし"になりました。日本人は数千年前から米が主食。私の忘れられない味も、おふくろの握ったおにぎりでした。どうぞ皆さんも米を慈しんでください。

● 加藤真夢
かとうまゆめ・20代で夫の赴任先のミラノで3年暮らし、家庭料理とイタリア菓子を学び帰国。自宅で料理とテーブルコーディネートの教室を主宰。

"マンマ"の味が要
結婚後、イタリアで暮らし、一番影響を受けたのは"イタリアンマンマ"の味と食に対する姿勢でした。レストランよりも母の味を大切にし、家庭に招くことを最高のおもてなしとする心に、どの国でも母の味は"要"なのだと思いました。料理は「勢い」と「タイミング」が大事。それらを見極めるには、くり返してつくる経験が必要ですね。

● 丸山久美
まるやまくみ・14年過ごしたスペインで、各地の家庭料理を習い覚える。日本の家庭でもつくりやすいように工夫を重ねながら、その魅力を伝える。

祖母から母、そして子へ
スペイン滞在中に、料理とともに家庭料理の持つ意味も教わりました。祖母から母、母から子へ、豆を煮る方法や、郷土料理が受け継がれていきます。手間や時間がかかっても、それは味わいや子どもに伝えたい思いにつながります。けれど、すべてに手間をかけるのではなく、シンプルな食卓でも、楽しくいただくことが何より大切です。

● 岡田めぐみ
おかだめぐみ・台湾料理の辛永清氏の助手を務め、山岡洋氏に師事。つくりやすく、家庭的な味、ていねいで手際のよいレシピが好評。

下準備はきっちりと
家庭の中国料理は、強火を意識しなくても大丈夫。ゆっくり慌てず、食材の変化に気を配りながらガスを微調整すると、おいしく仕上がります。流れるように調理をすすめるには、下準備をしっかりしておくことがポイント。得意ないつものおかずに、味や風味のアクセントになる素材や調味料をプラスするとレパートリーが広がります。

7章 週末のおもてなしに

ふだんは忙しくても、週末や休みの日には、少し"腕まくり"をして
新しいレシピに挑戦してはいかがでしょう。
時間にも気持ちにもゆとりがあると、心なしか、おいしくできるようです。
家族のそろうテーブルに、おもてなしに。

ビーフシチュー

2011.2月号

小山瑛子

香味野菜を煮こんだコクのあるソースと、箸でくずれるほど、ホロホロにやわらかくなった牛すね肉のシチュー。2日がかりでつくりますが、難しいレシピではありません。
食べ盛りの子どもがいる家庭では、ゆで野菜を添えて彩りよく。

≡ 材料（1単位）≡

牛すね肉（ブロック）
　　　　　500g ×2
　塩 ……………… 少々
　粗挽き胡椒 … 大さじ1
　小麦粉 ………… 適量
　サラダ油 …… 大さじ3
　バター ………… 30g

玉ねぎ ………… 大2個
人参（皮つき）、セロリ
　　　　　　 各1本
にんにく ………… 3片
赤ワイン … 750ml（1本）
トマトの水煮缶 …… 1缶
ベイリーフ ……… 3枚
バター …………… 50g

Ⓐ　砂糖 ……… 大さじ1
　醤油 ……… 大さじ3
　ナツメグ … 小さじ1
　グラスドビアンド
　 …… 小さじ3（または
　 固形スープの素2個）
　塩、胡椒 …… 各適量

クレソン ………… 適量
たこ糸

［1日目］

材料の下ごしらえ

❶　牛肉は、それぞれたこ糸でしっかりしばる。塩、粗挽き胡椒を全体にこすりつけ、小麦粉をまぶしつける。

❷　フライパンにサラダ油、バターを入れ、①をころがしながら強火で全面を焼き、焦げめをつける。バットに取り出しておく。

❸　野菜類は、ざく切りにし、肉を取り出したフライパンに入れて強火で焦げめをつけるように、10分ほど炒める。

黒く焦げめがつくように焼きつける。途中、あまりいじらないこと。

2時間煮こみ、ひと晩おく

❹　大きめ（直径27cm）の厚手鍋に③、②の順に入れ、赤ワイン、トマトの水煮、ベイリーフを加え、強火で煮立たせ、あとはごく弱火で2時間、ふたをして煮る。火をとめ、ひと晩おく。

［2日目］

仕上げ

❺　翌日、牛肉を取り出し、糸をはずし、1cm厚さに切る。
❻　煮汁、野菜類をすべてミキサーにかける（ベイリーフはのぞく）。
❼　④の鍋に肉を並べ、⑥を入れ、バターをちらし、火にかける。煮立つまで強火、あとはごく弱火にし、ふたをして1時間煮る。途中、かきまぜないこと。
❽　Ⓐを入れて調味する。

＊固形スープの素を使う場合は、④で入れる。
＊ソースはたっぷりできるので、ハンバーグを煮こんだり、ビーフストロガノフ、カレー、パスタソースなどに使う。冷凍保存もできる。

7章・週末のおもてなしに

読者の声 時間と心に余裕があるとき、家族でゆっくり食べるのを楽しみにつくります。手間と時間はかかりますが、難しいテクニックはいらないところがうれしいです。たっぷりできるソースでハンバーグを煮こみます。（宮崎・30代）

131

ローストポークと野菜のロースト

2017.3月号

Mako

人数に合わせて切り分けられるブロック肉は、大勢が集まるときに重宝です。
豚肉なら、牛肉より価格もお手頃。
残っても、別の料理に展開できるので、同じ手間なら多めにつくります。
彩りのよい野菜は、一緒に焼き上がる副菜。目にも楽しく、香ばしい香りもいっぱいに。

材料（1単位）

豚ロース肉（ブロック）	1.5kg
ステーキスパイス	大さじ2½
オリーブオイル	適量
ローズマリー（生）	3枝
セージ（生）	5枝
＊なければドライでもよい	
玉ねぎ（外皮ごと4つ割りまたは6つ割り）	大1個
じゃが芋（外皮ごと2つ割り）	3個
パプリカ（赤・黄、8つ割り）	各1個
ピーマン（丸ごと）	6個
茄子（縦半分にし、皮に格子状の包丁目を入れる）	3個
にんにく（オイルのみかける）	丸ごと1個
オリーブオイル	適量
ステーキスパイス	適量

＊ステーキスパイスがなければ、塩、胡椒（黒）、ガーリックパウダーで
＊野菜は長芋、かぼちゃ、さつま芋、エリンギなどでも

Ⓐ 粒マスタード、マーマレード ……… 各適量

ローストポークの下ごしらえ

❶ 肉は、芯まで常温になるように室温に半日ほどおく。

❷ 表面の脂身に、焼き縮みを防ぐ切りこみを格子状に入れる。脂分も落ちやすくなる。脂身が厚い場合は、7～8mmを残してそぐ。オーブンを250℃に予熱する。

野菜のローストの下ごしらえ

❸ バットにオリーブオイルを流して玉ねぎを入れ、オイルを断面につけ、ステーキスパイスをふる。

❹ そのほかの野菜も同様に、オリーブオイルをかけてなじませ、ステーキスパイスをふって味をつける。

豚肉のまわりに野菜をしきつめ、肉と同じ時間焼く。入りきらない分は別の天板で焼く。

7章・週末のおもてなしに

オーブンで焼く

❺ オーブンペーパーなどをしいた天板に肉をのせ、表面全体にステーキスパイスをまぶし、オリーブオイルをまんべんなくかける。

❻ ローズマリーは枝からはずし、セージと肉の上にのせる。③と④とにんにくをまわりにしきつめ、200℃に下げたオーブンで約10分、180℃にして約22分焼く。肉がひとまわり縮み、一番厚いところに串を刺してすんだ肉汁が出たら、焼き上がり。オーブンから出し、肉にふんわりアルミホイルをかぶせて1時間ほどおく。

❼ 好みの厚さに切り、肉汁やⒶ、あれば彩りにローズマリーやセージを添える。残ったら、サンドイッチやサラダに。

＊焼き時間は肉の大きさ（断面積）とオーブンによって調整を。写真は、断面の幅・高さともに最大約10cm、ガスオーブン使用。

アレンジ　バゲットサンドイッチ

バゲット丸ごと1本でサンドイッチをつくっておき、集まった人数に合わせて好きなサイズにカットします。

バゲット1本は横半分に切りこみを入れ、バターとマヨネーズをぬる。サラダ菜をしき、5〜6mm厚さに薄切りにしたローストポーク、スライスしたきゅうりのピクルス、粒マスタードを適量はさみ、ピンクペッパーを適量ふる。ラップでしっかり包んでしばらくおくと、なじんでしっとりする。

133

ローストビーフ

2009.1月号

堀口すみれ子

牛肉を、香味野菜で包んでひと晩おくのがわが家流。
野菜の香りが肉に移り、しっとり仕上がってどなたにも好評です。

≡ 材料（1単位）≡

牛肩ロースまたはもも肉
（ブロック）……………… 1kg
塩…………………… 大さじ1
胡椒………………………適量
おろしにんにく …… 1片分
玉ねぎ……………………1個
人参………………………½本
セロリ……………………1本
オリーブオイル …… 大さじ2
ベイリーフ ……………2枚

クレソン、おろし生姜、
大根おろし ……… 各適量

[1日目]

材料の下ごしらえ

❶ 玉ねぎ、人参は皮をむいて薄切りに。セロリは、玉ねぎのサイズに長さを合わせて切り、すべて合わせておく。
❷ 牛肉をたこ糸でしばり、塩、胡椒、にんにくを手でまぶしつける。オリーブオイルをぬり、①の野菜でおおってラップで包み、ひと晩冷蔵庫へ入れる。

[2日目]

肉を常温にもどして焼く

❸ 牛肉はオーブンに入れる前に、2時間ほど常温にもどしておく。天板に野菜の⅓量をしき、その上に肉をおき、残りの野菜と、ベイリーフで肉をおおう。
❹ 220℃に温めておいたオーブンで約20分、190℃に下げて25分ほど焼く。そのまましっかり冷ます。

盛りつけ

❺ おおっていた野菜をのぞいて糸をはずし、肉を薄く切って、器に盛る。クレソン、おろし生姜、大根おろしなどを添える。

読者人気★★★レシピ

豚ヒレ肉のパイ包み

2015.12月号

丸山久美

本来はイギリス料理でしたが、生ハムとチーズを加えてスペインのクリスマス料理に仲間入りしました。見栄えのする主役のひと皿を楽しんでください。

≡ 材料（1単位）≡

豚ヒレ肉（ブロック）	約500g
塩、胡椒（黒）	各少々
オリーブオイル	大さじ1
粒マスタード	大さじ2
生ハム	6〜7枚
スライスチーズ	3枚
パイシート（市販のもの）	250〜300g
卵黄	適量
クレソン、ミニトマト	各適量

肉の下ごしらえ

❶ 豚肉に塩、胡椒をふる。
❷ フライパンにオリーブオイルを温め、①の表面をこんがりと焼き、取り出す。粗熱が取れたら、粒マスタードを全体にぬる。

パイシートで包む

❸ パイシートは、豚肉に合わせて20×30〜40cmに整える。パイシートの短い辺に平行に、少しずつずらしながら生ハムを並べ、②をおき、上にチーズをのせ、生ハムでくるむ。パイシートで包み、巻き終わりに卵黄をぬって閉じ、下にして天板におく。両端も卵黄をぬって閉じる。

オーブンで焼く

❹ 余ったパイシートで飾りをつけ、ナイフで飾りの切りこみを入れる。表面に卵黄をぬって照りをつけ、200℃に温めたオーブンで30分ほど焼く。目立たない側面から竹串を刺し、串が肉汁で赤くならなければ大丈夫。
❺ オーブンに入れたまま粗熱を取り、クレソン、ミニトマトなどと彩りよく盛りつける。

カニ入りクリームコロッケ

2009.1月号

堀口すみれ子

母に教わりながら、娘のころからつくり続けてきたコロッケ。風味のよいタラバガニと、とろりとしたクリームがお客様に好評で、おもてなしには欠かせないひと品です。

材料（1単位：8〜10個分）

[具]
- カニ缶（タラバガニ 脚）……1缶（固形量175g）
- 玉ねぎ(中)……½個
- バター……10g
- 塩……ひとつまみ
- 胡椒（白）……小さじ⅙
- 白ワイン……大さじ2

[ホワイトソース]
- バター……50g
- 小麦粉……大さじ8
- 牛乳……2カップ
- 塩……小さじ1弱
- 胡椒（白）……小さじ⅙
- 白ワイン……大さじ1
- カニ缶の汁……適量

小麦粉、卵、パン粉、揚げ油……各適量

具をつくる

❶ カニは身と汁に分け、身は軟骨をはずして細かくさく。汁は、あとで使う。
❷ 玉ねぎはみじん切りにし、バターですき通るまで炒める。①のカニを入れ、塩、胡椒、ワインで味をととのえる。

ホワイトソースをつくる

❸ フライパンにバターをとかし、小麦粉を加えて、中火でよくまぜ合わせる。全体がさらっとした感じになり、次にしっとりしてくるまで、焦がさないようにまぜる。火から下ろし、温めておいた牛乳を少しずつ加え、なめらかになるまでまぜ合わせ、カニ缶の汁、塩、胡椒、ワインも加える。

成形して揚げる

❹ ③に②を合わせ、塩加減をみる。バットに広げて冷まし（冷蔵庫に入れる）、8〜10等分にして好みの形に丸める。小麦粉、とき卵、パン粉をつけて、180〜200℃の油で色よく揚げる。

＊写真は赤ピーマンの素揚げを添えて。
＊油の温度が低すぎると中身が膨張して破裂する。材料は火が通っているので、表面だけ色づけすればよい。
＊パン粉をつけたところで冷凍保存できる。常温にもどしてから揚げる。

豚肉の
サルティンボッカ・ローマ風

北村光世

2011.10月号

豚肉と生ハムでセージをはさんでソテーします。
生ハムから出る塩味と、オリーブオイル、
セージの香りが、それぞれをひき立て合います。
ぜひ挑戦してほしいひと品です。

材料（4人分）

豚赤身肉（ひと口カツ用）
　……………………… 8枚
セージの生葉 …… 12～16枚
＊飾り用に適量を取りおく
生ハム(プロシュート) … 4枚
小麦粉 ………………… 適量
オリーブオイル 大さじ3～4
白ワイン ……… 100～150㎖

肉と生ハムでセージをはさむ

❶　豚肉はラップにはさんでめん棒でたたき、元の2倍近くの大きさまで薄く（約2㎜厚さ）伸ばす。
❷　ラップの上面を開け、3つにちぎったセージの葉を、❶に点々とのせ、❶の大きさに切った生ハムをのせる。茶こしで小麦粉を全体が白くなるくらいにふり、裏返して同じように粉をふり、ラップをもどして上から、軽く押さえる。
＊ここまで準備し、食べる直前に焼いてもよい。

焼く

❸　フライパンにオリーブオイルを熱し、②の豚肉の面を下にして入れて、軽く焼く。裏返し、さっと焼いて皿に取り出す。
❹　フライパンを洗わずに強火にかけ、ワインを入れてアルコールをとばしながら、木べらで底や側面のうまみをこすり取る。
❺　③を焼き汁ごとフライパンにもどし入れ、肉を手早く裏返す。ソースがとろっとして肉に火が通ったら、でき上がり。ソースをかけ、セージを飾る。

鶏むね肉のパレルモ風

2018.8月号

野村紘子

粉をつけず、卵液と味のついたパン粉をまぶして揚げ焼きにする、イタリアのパレルモ風カツです。短時間で揚がるので、夏のおもてなしにもどうぞ。

≡ 材料（4人分）≡

鶏むね肉 ………………… 2枚（約400g）
塩、胡椒 …………………………… 各少々
とき卵 ………………………………… 1個分

Ⓐ パン粉（目の細かいもの）
　　　　　　　　　　　　 1カップ
　　パルメザンチーズ ……… ¼カップ
　　にんにく（みじん切り）…… 小1片

サラダ油 ‥ フライパンに7〜8mm高さ
　　　　　　　（肉の厚さの半分）
レモン（くし切り）………………… 1個
ルッコラ、エンダイブ ………… 適量
ハーブ類（タイム、ミントなど）適量

肉の下ごしらえ

❶ 鶏肉は皮を取って観音開きにし（横に大きい場合は、半分に切ってから）、ラップの上から肉たたき、またはビンなどでたたいて、1cm位の厚さにのばす。両面に塩、胡椒する。

衣をつける

❷ とき卵を①の両面にしっかりつけて15〜20分おく。こうすることでしっとりする。

❸ Ⓐを合わせ、②の両面に押しつけるように、しっかりまぶす。

揚げ焼きする

❹ フライパンにサラダ油を入れ、170℃で片面ずつ、きつね色になるまで5〜7分、揚げ焼きにする。油が減ってきたら、底の油をスプーンなどですくってかける。油をきる。

❺ 1枚を4等分に切って皿に盛り、レモン、ルッコラ、エンダイブ、ハーブ類を添える。

《 料理研究家の紹介 》

● 野村紘子

のむらひろこ・料理上手の母に学び、茶道、華道に伝わる日本文化を大切に暮らす。親しみやすい和洋中の料理と、季節感あふれるお惣菜が魅力。

食卓の記憶は一生の宝

若いころから不意の来客が多く、手持ちの材料を工夫し、盛りつけや器にも心をくばってきました。何より、食べてくださった方からの「おいしい」の言葉が、大きな励みに。台所から広がる夕飯のにおいは、家庭の記憶になる大切なもの。だしや醤油の風味と、季節の食材を上手に合わせ、豊かな食卓をつくります。

● 北村光世

きたむらみつよ・自宅でハーブを育てながら、ハーブ料理を提案する。特にイタリア、メキシコ、アジア各国の料理と食文化、食の歴史に造詣が深い。

体に安心な食材を

体によい材料を、手をかけすぎず、素材の持ち味やうまみを引き出して調理したいですね。よい材料とは、無添加で産地がはっきりしていること。
洋風料理の場合、少量のハーブは本来の味を引き立ててくれますし、質のよいオリーブオイルは、香り高く、だしや調味料、ハーブの代わりにもなるのでとても重宝です。

● Mako

まこ・3男1女を育てながら、母から受け継いだ味をベースにレシピを広げる。つくりやすく、くりまわしや保存がきくなど、工夫と創造力豊かなレシピが魅力。

オーブン料理をおもてなしに

4人の子どもを育てる中で、お節句やそれぞれの誕生日の食卓は、いつにも増してにぎやかなものでした。子どもたちの大好物を食卓に並べると大喜び。
見た目の華やかさやダイナミックさ、つくりおきができる、手間のかからないオーブン料理を組み入れる工夫をして、お客様も自分も楽しめるテーブルを目指しています。

● 門倉多仁亜

かどくらたにあ・幼いころにドイツ人の母方の祖父母と暮らす中で料理好きに。結婚後、料理とお菓子を学ぶ。ドイツの家庭の味を伝える。

おもてなしはあたたかさを演出して

幼いころ、母が腕によりをかけてつくってくれた料理はなつかしい味で、私も大切につくり続けています。ドイツの夕食は、パンとチーズ、ハム、じゃが芋といった簡素な食卓ですが、特別な日は前日から準備することもあります。おもてなしのテーブルにはクロスをかけて、キャンドルを灯し、会話がはずむあたたかな食卓を演出します。

読者の声

『婦人之友』料理記事は読者の皆さまとともに…

読者の皆さまから寄せられたアンケートには、ご家庭で折々につくられたようすをはじめ、印象に残る料理へのメッセージを多数いただきました。
長年ご愛読くださっている4人の方をご紹介します。
＊p96も合わせてご覧ください。

新しいレシピが定番になるまで
矢澤麻子さん（40代）

　毎月の『婦人之友』に掲載されるのは、旬の食材たっぷりの新レシピ。「秋のはじめに〜」などの食卓まわりの心得をよく読んで取りかかります。昨年の同じ月はどんなレシピだったかなと読み返すことも楽しみのひとつです。

　食卓では、4人の子どもたちが食べやすい食材におき変えて出しています。「もう少し甘いといいな」、「ねぎは小さい方がいい」などの感想を聞いて次回の参考にします。

私のお気にいり

時短が助かります！

「鶏肉のカリカリ焼き」p51…夕食づくりは、16時半から17時半までの1時間を目安にしているので、つくりやすくて短時間で仕上がるこの主菜は何度もつくっています。子どもたちは、鶏肉がカリッと焼けているところと、たれがとても気にいったようです。

「ポテトグラタン」p65…グラタンなのにホワイトソースをつくらずにできることと、ボリューム感が頼もしいおかずです。オーブンに入れてしまえば手があくのも魅力。その間に、鍋や器具をさっと片づけて、シンクまわりをスッキリと。小さな子どもがいる毎日は、夕方にいろいろなことが起きるので、余力を残すことも意識します。

母と娘をつなぐレシピ
松岡育子さん（50代）

　実家の母は、食事づくりが得意です。私が子どものころに大好きだったおかずは、『婦人之友』に掲載されたものが多かったと聞きます。母と一緒に眺めた誌面の写真は、今でも鮮明でとても懐かしい思い出です。

　家庭を持ち、母のすすめで私も『婦人之友』を購読。家族のために旬のレシピを取り入れた食卓をととのえています。現在、母には年に1〜2度しか会えませんが、会うと必ずレシピの話。そして賑やかに囲む食卓には、『婦人之友』新レシピが彩りを添えています。母の手料理は、いくつになっても心身がリセットされ、元気になります。

私のお気にいり

帰宅が遅くなっても、すぐできる！

「八宝菜風うま煮」p10…手早いだけでなく、野菜をたっぷり食べられて、調味料がシンプルなことも気にいっています。ごはんにかければ中華丼にも。

定番になりました。朝ごはん、お弁当にも

「豚肉のねぎ味噌焼き」p12…前日から仕こんでおけば朝は焼くだけ。ごはんのおかずとして味噌味がよく合いますし、一緒に合わせるねぎがアクセントに。冷めてもおいしいので、中学生の息子のお弁当のおかずNo.1です。

140

夫婦のコミュニケーションの
きっかけに
佐藤則子さん（50代）

『婦人之友』は夫婦で読んでいます、と言っても食いしん坊の夫の楽しみは、もっぱら料理のページです。

土曜日のまとめ買いのときは夫にも発言権があり、「婦人之友のアレが食べたい！」とリクエスト。「そのうちに……」のときも、要望が通ってすぐに食卓にのぼり大満足の日もあります。ときには私が「乗り気」でないレシピも、夫がつくって大ヒットということも。

『婦人之友』のお料理は、献立のヒントだけでなく、いつの間にか夫婦のコミュニケーションを助ける存在になっているようです。

私のお気にいり

おいしいものをつくる手間は
苦にならない

「牡蠣の佃煮」p101…気にいったお料理の記事は、写真を撮ってパソコンに保存しています。毎年2～3月ごろ、おいしい牡蠣がたくさん出回るころに、3単位ほどまとめてつくります。時間はかかるのですが、でき上がりのおいしさを思うと苦になりません。朝食や夫の酒の肴に、季節を感じるひと品です。年に一度は牡蠣ごはんに。う～ん、贅沢。

厨仕事、大切なことは午前中に
小股洋子さん（70代）

70代に入り、「大切なことは体力、気力のある時間帯に。"午前中が稼ぎ時！"」と考えるようになりました。

中でも「厨仕事」は、献立を書き出し、基本食材を予約することからはじめます。週1回の共同購入のほか、季節の食材、新しいレシピの材料などを週1回水曜日、正味1時間と決めて買い物に出かけます。メモに従う食材の買い物は、欲張らないことが肝心です。効率重視、余分に見ること歩くことは避けて、調理のための体力を残します。そして新しいレシピに挑戦するのは、時間のある在宅の日に割りあてます。

ところで、毎月の『婦人之友』はいつも鞄に入れています。移動中や外出先でもくり返し読んでおく……、これが何といっても大変効率がよいのです。

私のお気にいり

彩りも栄養バランスもよい

「キャベツたっぷりメンチカツ」p46…春キャベツの緑がきれいでお弁当にも向きます。"キャベツたっぷり"は、肉のとりすぎ予防に。また、キャベツを揚げ物に入れる意外性とエネルギー補給として、とてもよいと思いました。この月(2016年4月)のお献立も大変気にいっています。
＊グリンピースとキャベツのチャウダー、やりいかとアスパラのガーリック炒め、マカロニポテトサラダ（p63）、新玉ねぎのグラタン

『婦人之友』では、毎月5～6品の季節のレシピを紹介しています。本書では、2008年～2018年掲載の中から選ばれた料理を収録。
（左から）2008年1月号
2013年4月号 創刊110周年記念号
2018年12月号

141

▶ 材料別さくいん

肉

● 牛肉
牛肉とねぎのオイスターソース炒め ··19
ガーリックステーキ、パセリライス ··20
牛肉とごぼうの当座煮 ·············· 48
牛肉と野菜のさっと煮 ·············· 54
牛すね肉のじっくり煮 ·············· 81
牛しぐれの太巻き ·················· 116
ビーフシチュー ···················· 130
ローストビーフ ···················· 134

● 豚肉
八宝菜風うま煮 ···················· 10
豚肉のねぎ味噌焼き ················ 12
春キャベツの回鍋肉 ················ 17
豚しゃぶとレタスの梅・生姜和え ·· 23
キャベツのおかずサラダ ············ 41
黒酢酢豚 ·························· 53
ゆで豚とキャベツ、ピリ辛ソース ·· 55
ゴーヤ豚天 ························ 56
塩豚のポトフ ······················ 74
ピェンロー（中国の白菜鍋） ········· 75
豚の梅酒煮 ························ 79
豚の角煮 ·························· 80
ローストポークと野菜のロースト ·· 132
バゲットサンドイッチ ·············· 133
豚ヒレ肉のパイ包み ·············· 135
豚肉のサルティンボッカ・ローマ風·· 137

● 鶏肉
鶏肉とエリンギの蒸し煮 ············ 13
鶏のプルゴギ ······················ 16
鶏肉とれんこんの粒マスタード炒め···18
チキンソテー、ゴルゴンゾーラソース···21
和風ラタトゥイユ ·················· 22
蒸し鶏と鶏飯 ······················ 49
鶏肉のカリカリ焼き ················ 51
クリスピーチキン ·················· 52
野菜たっぷりチキンカレー ·········· 72
ピェンロー（中国の白菜鍋） ········· 75
鶏肉と豆腐の酒塩鍋 ················ 78
吹き寄せおから ···················· 110
筍と鶏肉のまぜごはん ·············· 118
きのこけんちん汁 ·················· 125
鶏むね肉のパレルモ風 ·············· 138

● 挽き肉
きゅうりと挽き肉のピリ辛炒め ····· 40
水玉ごぼうのドライカレー ·········· 41
キャベツたっぷりメンチカツ ········ 46
ロールキャベツ ···················· 50
豚味噌 ···························· 104
キャベツカレー ···················· 117

● ハム
椎茸とハムのクリームパスタ ······ 120

● 生ハム
豚肉のサルティンボッカ・ローマ風·· 137

● ベーコン
キャベツのあっさり蒸し ·············· 43
塩豚のポトフ ························ 74
沢煮椀 ···························· 124
ドイツ風具だくさんスープ ·········· 126

魚介

● 鰯
鰯の梅煮 ·························· 102

● 鰹
鰹の豆豉蒸し ······················ 62

● サーモン
サーモンのマリネ ·················· 60

● 鯖
鯖の辛子竜田揚げ ·················· 58

● 秋刀魚
秋刀魚とごぼうのかき揚げ ·········· 57
秋刀魚の黒胡椒煮 ··················· 61

● 鯛
鯛のアヒージョ風 ·················· 15
鯛めし ···························· 119

● ちりめんじゃこ
ピーマンのちりめんポン酢 ·········· 28

● ぶり
ぶりのステーキ ···················· 14

● 牡蠣
牡蠣の佃煮 ························ 101

● 加工品
野菜おでん ························ 76
冷やしおでん ······················ 77

卵

● 卵
豆腐とそら豆の卵とじ ·············· 36
マカロニポテトサラダ ·············· 63
中国風茶碗蒸し、搾菜と刻みねぎ·· 68
冷やしおでん ······················ 77
牛しぐれの太巻き ·················· 116

豆・豆製品

● キドニービーンズ
キドニービーンズのマリネサラダ··· 98

● 大豆
水玉ごぼうのドライカレー ·········· 41
ドイツ風具だくさんスープ ·········· 126

● 厚揚げ
厚揚げとニラの醤油炒め ············ 37

● 油揚げ
ずいきと油揚げの煮もの ············ 99
ひじきのイタリアンマリネ ·········· 100
いなりずし ························ 114

● おから
吹き寄せおから ···················· 110

● 豆豉
鰹の豆豉蒸し ······················ 62

● 豆腐
香菜の白和え ······················ 34
豆腐とそら豆の卵とじ ·············· 36
鶏肉と豆腐の酒塩鍋 ················ 78
きのこけんちん汁 ·················· 125

野菜

● 青じその葉
夏野菜の香り漬けもの ·············· 91

● 梅
手軽につくる1kgの梅干し ·········· 93

● オクラ
オクラのピクルス ·················· 85

● かぶ
かぶのレモンマリネ ················ 84
野菜1kgの塩水漬け ················ 90
野菜の甘酢漬け、中国風 ············ 92

● カリフラワー
野菜1kgの塩水漬け ················ 90
野菜の甘酢漬け、中国風 ············ 92

● キャベツ
八宝菜風うま煮 ···················· 10
春キャベツの回鍋肉 ················ 17
春キャベツと人参のコールスロー· 31
キャベツのおかずサラダ ············ 41
キャベツのあっさり蒸し ·············· 43
キャベツたっぷりメンチカツ ········ 46
ロールキャベツ ···················· 50
ゆで豚とキャベツ、ピリ辛ソース·· 55
キャベツカレー ···················· 117

● きゅうり
ドイツのおばあちゃんのきゅうりサラダ
································ 26
きゅうりと挽き肉のピリ辛炒め ····· 40
夏野菜の香り漬けもの ·············· 91
ガスパチョ ························ 123

● グリーンアスパラガス
グリーンアスパラガスのジョン ····· 69

● ゴーヤ
ゴーヤ豚天 ························ 56
ゆでゴーヤの南蛮風 ················ 87

● コーンクリーム缶
ポテトグラタン ···················· 65

● ごぼう
水玉ごぼうのドライカレー ·········· 41
ごぼうのピリ辛風 ·················· 44
牛肉とごぼうの当座煮 ·············· 48
秋刀魚とごぼうのかき揚げ ·········· 57
煮なます ·························· 108
沢煮椀 ···························· 124

● 小松菜
小松菜のシンプル炒め ·············· 25
小松菜のこっくり風味 ·············· 44

● 里芋
野菜おでん ························ 76

● さやいんげん
キドニービーンズのマリネサラダ …… 98
● じゃが芋
じゃが芋のごままぶし ……………… 32
マカロニポテトサラダ ……………… 63
ポテトグラタン ……………………… 65
塩豚のポトフ …………………………74
野菜おでん ……………………………76
ローストポークと野菜のロースト ‥ 132
● 香菜
香菜の白和え ………………………… 34
● 生姜
新生姜の甘酢漬け …………………… 89
生姜の佃煮 ………………………… 106
● ズッキーニ
和風ラタトゥイユ …………………… 22
● スナップエンドウ
スナップエンドウのオイル蒸し …… 43
● セロリ
セロリの酢漬け、かつお風味 ……… 86
野菜の甘酢漬け、中国風 ………… 92
沢煮椀 ……………………………… 124
● そら豆
豆腐とそら豆の卵とじ ……………… 36
● 大根
角切り大根のバター蒸し煮 ……… 40
大根のグラタン ……………………… 64
野菜おでん ……………………………76
大根のざらめ漬け …………………… 88
● 筍
筍と鶏肉のまぜごはん ……………118
● 玉ねぎ
牛肉とねぎのオイスターソース炒め 19
玉ねぎとトマトの塩、胡椒風味 …… 43
サーモンのマリネ …………………… 60
塩豚のポトフ …………………………74
キャベツカレー …………………… 117
ドイツ風具だくさんスープ ……… 126
ローストポークと野菜のロースト ‥ 132
● 冬瓜
冷やしおでん ………………………… 77
● トマト
和風ラタトゥイユ …………………… 22
玉ねぎとトマトの塩、胡椒風味 …… 43
野菜たっぷりチキンカレー ………… 72
トマト冷麺 ………………………… 121
ガスパチョ ………………………… 123
● 長ねぎ
豚肉のねぎ味噌焼き ………………… 12
牛肉とねぎのオイスターソース炒め 19
● 茄子
和風ラタトゥイユ …………………… 22
茄子の中国風味噌煮 ………………… 66
茄子の田舎煮 ………………………… 67
夏野菜の香り漬けもの ……………… 91
ローストポークと野菜のロースト ‥ 132

● ニラ
厚揚げとニラの醤油炒め ………… 37
● 人参
人参とケッパーの炒め煮 ………… 29
ピーマンと人参の炒めもの ……… 30
新人参のジョン ……………………… 69
塩豚のポトフ …………………………74
煮なます …………………………… 108
人参のポタージュ ………………… 122
沢煮椀 ……………………………… 124
ドイツ風具だくさんスープ ……… 126
● にんにく
ガーリックステーキ、パセリライス… 20
● 白菜
ピェンロー（中国の白菜鍋）……… 75
● パセリ
ガーリックステーキ、パセリライス ‥ 20
● パプリカ
サーモンのマリネ …………………… 60
冷やしおでん ………………………… 77
野菜1kgの塩水漬け ………………… 90
ローストポークと野菜のロースト ‥ 132
● ピーマン
ピーマンのちりめんポン酢 ……… 28
ピーマンと人参の炒めもの ……… 30
ガスパチョ ………………………… 123
● ブロッコリー
ブロッコリーの香り焼き ………… 44
● ほうれん草
牛しぐれの太巻き ………………… 116
● みょうが
夏野菜の香り漬けもの …………… 91
● もやし
八宝菜風うま煮 …………………… 10
● レタス
豚しゃぶとレタスの梅・生姜和え 23
レタスのオイスターソース炒め …… 27
● れんこん
鶏肉とれんこんの粒マスタード炒め…18
れんこんのシャキシャキ炒め …… 33
煮なます …………………………… 108

きのこ

● えのき茸
きくらげの酢炒り ………………… 35
きのこけんちん汁 ………………… 125
● エリンギ
鶏肉とエリンギの蒸し煮 ………… 13
● しめじ
きくらげの酢炒り ………………… 35
きのこけんちん汁 ………………… 125
● 生きくらげ
きくらげの酢炒り ………………… 35
● 生椎茸
椎茸とハムのクリームパスタ …… 120
沢煮椀 ……………………………… 124

きのこけんちん汁 ………………… 125
● なめこ
芽ひじきとなめこのスープ ……… 127
● 舞茸
きのこけんちん汁 ………………… 125

乾物・加工品

● 梅干し
切り昆布の小梅煮 ………………… 101
鰯の梅煮 …………………………… 102
● カニ缶
カニ入りクリームコロッケ ……… 136
● かんぴょう
かんぴょう巻き …………………… 114
● 切り昆布
切り昆布の小梅煮 ………………… 101
● ごま
じゃが芋のごままぶし …………… 32
● こんにゃく
ずいきと油揚げの煮もの ………… 99
● 搾菜
中国風茶碗蒸し、搾菜と刻みねぎ… 68
● しらたき
煮なます …………………………… 108
● ずいき
ずいきと油揚げの煮もの ………… 99
● ツナ缶
ひじきのイタリアンマリネ ……… 100
● ひじき
ひじきのイタリアンマリネ ……… 100
芽ひじきとなめこのスープ ……… 127
● 干し椎茸
ピェンロー（中国の白菜鍋）……… 75
● らっきょう漬け
鶏肉のカリカリ焼き …………………51

米・麺・粉

● 米
ガーリックステーキ、パセリライス… 20
蒸し鶏と鶏飯 ……………………… 49
いなりずし・かんぴょう巻き ……114
牛しぐれの太巻き ………………… 116
キャベツカレー ………………… 117
筍と鶏肉のまぜごはん …………… 118
鯛めし ……………………………… 119
● 中華麺
トマト冷麺 ………………………… 121
● コーンフレーク
クリスピーチキン ………………… 52
● パイシート
豚ヒレ肉のパイ包み ……………… 135
● パスタ
椎茸とハムのクリームパスタ …… 120
● マカロニ
マカロニポテトサラダ …………… 63
大根のグラタン …………………… 64

143

○撮影

青山紀子　下記以外

原　務　p16、17、33、37、49、53、69、70（チョン）、99、101（上）、130、131

鈴木正美　p12、15、79、90、112（清水）

○アートディレクション／デザイン

山本めぐみ（EL OSO LOGOS）

○協力

全国友の会

すぐできる　あってよかった
今夜のおかず110
読者と選んだ料理家22人の人気レシピ

2019年5月25日　第1刷発行

編　者	婦人之友社編集部
編集人	小幡麻子
発行人	入谷伸夫
発行所	婦人之友社
	〒171-8510　東京都豊島区西池袋2-20-16
電　話	03-3971-0101
	https://www.fujinnotomo.co.jp
印刷・製本	シナノ書籍印刷株式会社

乱丁・落丁はおとりかえいたします。本書の無断転載・複写・複製を禁じます。

©Fujin-no-tomo-sha 2019 Printed in Japan

ISBN978-4-8292-0889-2